Anette Röckl

VON MOTTEN
UND MENSCHEN

„Hallo Nürnberg!"- Kolumnen
aus den Nürnberger Nachrichten

Die Geschichten stammen aus der Kolumne
„Hallo Nürnberg!“, die seit 2011 in den
Nürnberger Nachrichten erscheint.

1. Auflage November 2021
Copyright © Verlag Nürnberger Presse
Cover-Illustration © Jacqueline Weser
Alle deutschen Rechte vorbehalten
Printed in Germany
ISBN 978-3-931683-58-0

Anette Röckl

VON MOTTEN
UND MENSCHEN

„Hallo Nürnberg!"- Kolumnen
aus den Nürnberger Nachrichten

INHALT

Herzlichen Dank an Isabel Lauer für das gewissenhafte Lektorat und Kathrin Alber für die Endkontrolle.
An Jacky Weser für die tolle Zeichnung der Cover-Motte und an meine Tante Gerti für die leckeren Stricksocken, ohne die die Motten auf Diät wären.

HOCH LEBE DAS GSCHMARRI!

Und, welches Gschmarri haben Sie heute schon erledigt? Nichts? Gschmarri! Als Misswahl- und Unsinnsbeauftragte dieser Zeitung möchte ich etwas längst Überfälliges tun: dem „Gschmarri" eine Kolumne widmen. Natürlich mache ich das im Prinzip jeden Samstag. Inhaltlich. Aber heute soll das Wort an sich gelobpreist werden. Denn es handelt sich dabei um das schönste Wort, das die fränkische Sprache je hervorgerollt hat. Zu Unrecht steht das Gschmarri im Schatten des prominenten „Allmächd". Das Allmächd hat es geschafft, die Landesgrenzen zu überschreiten. Selbst in Berlin kann es sein, dass ein Preuße sich damit schmückt. Während das Allmächd im Höhenflug schon glaubt, bald den interna-tionalen Durchbruch zu schaffen, hockt das

Gschmarri immer noch auf dem Sofa und schaut blöd.

Aber damit ist jetzt Schluss. Es lebe das Gschmarri und darauf ein dreifaches Hoch! Im Gegensatz zum entgeisterten Allmächd, das eigentlich Ohnmacht ausdrückt, ist das Gschmarri eine aktive Bewertung. Ein Power-Wort. Ein kraftvoll hingeschmettertes Gschmarri hat tausendmal mehr Kraft als ein abgelaschtes Allmächd. Und es ordnet die Anforderungen, die die Umwelt an uns stellt, ganz klar ein. Um sechs Uhr aufstehen? Gschmarri! Das Geschirr immer sofort wegräumen? Gschmarri! Vernünftig sein und um zehn Uhr abends ins Bett gehen – ohne Feierabendbier? Gschmarri, gut Nacht!

Das Gschmarri ist ein Schutzschirm, unter den wir uns immer flüchten können. Die verbale Ritterrüstung der Franken gegen Anfeindungen von außen. Und es gewährleistet, dass wir dabei immer noch höflich bleiben. Anstatt auf die Frage „Sollen wir der Tante Hilde sagen, dass ihre Schlaftabletten, die so subber funktionieren, eigentlich bloß Bonbons sind?" zu sagen „Natürlich nicht, du Depp!", sagen wir „Gschmarri". Ein Gschmarri mit Punkt bedeutet: keine Widerrede.

Ein Gschmarri mit Ausrufezeichen – im echten Leben laut ausgerufen – heißt: Wie kannst du Depp mir diese Frage überhaupt stellen? Du beleidigst damit mein Gehirn!

Aber es ist nicht nur inhaltlich toll, es ist auch lautmalerisch schön. Ein laut geschmettertes Gschmarri ist, wie wenn die Zunge Motorrad fährt. Das „Gsch" ist der Anlasser, dann zieht das „R" mit mindestens 160 PS ab. Und endet mit dem „Iii", als ultimativem Freudenschrei. Welches Wort bringt so ein Feeling bitte sonst zustande? Mir fällt keines ein.

Warum ist das Gschmarri nicht längst ein Exportschlager? Lahme Worte wie „Kindergarten", „Leitmotiv" oder „Hinterland" haben es doch auch in andere Sprachen geschafft. Am besten würde es ins Spanische passen. „Gschmarri olé!" rufen die Flamencosänger dann, wenn der Vino Tinto schlecht ist.

Oder das Gschmarri wäre gleich etwas zu essen. Beliebt wie hierzulande der Döner. „Zweimal Gschmarri mit allem" – ich hör die Bestellung schon. Oder: „Dreimal Gschmarri im Weggla". An dieser Stelle mache ich einen Punkt. Sonst wird der Text am Ende noch eines: a schöns Gschmarri!

PERFEKT UNPERFEKT

Immer diese perfekten Menschen: Sie sprechen mindestens zwölf Sprachen, beherrschen Bouldern, Steppen, Wüstenreiten und Unter-Wasser-Klöppeln und sehen bei allen Tätigkeiten auch noch verdammt gut aus. Zehn Uhr, Mount Everest, die Frisur sitzt. Weil nicht mal die Haare wagen würden, den Perfekten in die Quere zu kommen. Wer Pech hat, trifft im wahren Leben auf diese Exemplare der Vollkommenheit, vor allem in den sozialen Netzwerken tummeln sie sich aber zuhauf. Dort präsentieren sie ihr aufregendes Leben am Strand von Hawaii, auf den Malediven oder auf Curaçao, während wir in Schoppershof oder Langwasser auf dem Sofa sitzen. Während ihr Film „Blaue Lagune" heißt, lautet unser Titel „Immer nie am Meer".

Den Film gibt es tatsächlich. Er endet nicht happy. Natürlich.

Eine Freundin von mir wird momentan von einer Internet-Bekanntschaft tyrannisiert. Sie hört auf den schönen Namen „Coconut-Bikini-Girl" und hat alles, was die Freundin nicht zu haben glaubt: perfekte Erlebnisse, perfekte Karriere, perfekte Körpermaße. Wenn sie nicht gerade in einer coolen Strandbar Cocktails schlürft, vollführt sie in knapper Kleidung irgendein Work-out. Ohne Schweißflecken unter den Achseln, versteht sich.

Was soll das? Geht das noch mit rechten Dingen zu und ist so viel Perfektion eigentlich erlaubt?

Ich glaube inzwischen, die Perfekten sind einfach gar keine Menschen. Sie sind eine Art außerirdische Spezies. Und als solche sollten wir sie auch betrachten, dann können wir gleich viel gnädiger sein. Denn sie haben es auch nicht leicht mit ihrer Perfektion: Vielleicht würden sie in der Kantine auch mal gerne die Spaghettisoße auf ihr weißes Anzughemd spritzen, allein – sie können es gar nicht! Dank ihrer Spezialkräfte können sie auch keine Gläser umwerfen, volle schon gleich gar nicht. Mit Rotwein gefüllte dreimal nicht. Bei Vorträgen können sie kein Lampenfieber entwickeln, keine roten Köpfe und auch kein Rumgegatze. Die Ärmsten, oder?

Beruhigend ist auch dieses Zitat der Schauspielerin Catherine Deneuve: „Charme und Perfektion vertragen sich schlecht miteinander. Charme setzt kleine Fehler voraus, die man verdecken möchte."

Juhu! Also stehen wir doch zu unseren Fehlern, wir, die wir dazu befähigt sind. Stolpern wir über Bordsteine, spucken wir beim Essen, lassen wir Ketchup-Flaschen fallen und laufen wir bei öffentlichen Reden puterrot an. Und zwar einfach nur deshalb: Weil wir es können! Alles wird. Ich zähle auf Sie!

MASKENPFLICHT FÜR MOTTEN

Wir haben es alle nicht leicht zurzeit. Aber nicht nur unsere Spezies hat Probleme, wie der Dialog dieser zwei fränkischen Kleidermotten zeigt. Ich habe sie in meinem Schrank belauscht, in dem sie sich die Wollsocken, zubereitet von meiner Tante, schmecken lassen.

Margot: „Obacht, ruck a weng nüber!"

Gerda: „Du hast ja a Laune. Hast du gwieß die falsche Wollen derwischt oder wos?"

Margot: „Naa, aber mir mäin doch den Mindestabstand einhalten. 1,5 Meter bei Menschen. Ich hob des in der Modden-Dabellen umgerechnet auf uns: Des sind 1,5 Zentimeter."

Gerda: „Kummt des net auf die Flüchelspannweiten oo?"

Margot: „Gschmarri. Aber mir sind eh zu viel in dem Kleiderschrank dou. Am besten verzupft sich jede in ihr eigene Etage. Ich bleib bei die Wollsocken und du gehst zu die Unterhusn."

Gerda: „Zu die Unterhusn? Naa! An die Tangahösla is doch nix droo."

Margot: „Dann frisst halt a weng wenicher. Is eh gsünder. Apropos: Wo is eigentlich dei Maskn?"

Gerda: „Die werd no gstrickt. Von der Berdda, unserer Modden-Äldesden. Die hoggt scho seit zehn Joahr in der Bettwäsch."

Margot: „Ich hab mer anne aus die Sportsöckler gmacht. Die sind schee atmungsaktiv."

Gerda: „Und wäi gäiht's der damit?"

Margot: „Net goud. Der Gummi drückt meine Flüchel zamm."

Gerda: „Su a Gfredd. Sooch amal, kummst du eigentlich mit dem Formular zurecht?"

Margot: „Welx Formular?"

Gerda: „Des von der Kurzarbeit. Dou steht, ich derf bloß no 50 Prozent erbertn. Soll ich etz halbe Löcher fressen, oder wos?"

Margot: „Mein Gott, bist du bläid. Statt sechs Löcher frisst halt bloß no drei in der Wochen."

Gerda: „Drei Löcher? Dou gräich ich ja a Boreout. Tod durch Langeweile!"

Margot: „Dann frisst halt kompliziertere Muster. Sternla oder su."

Gerda: „Des is goud."

Margot: „Warum schaust etz dann immer no so bläid?"

Gerda: „Ach, wecherm Egon ..."

Margot: „Der vo die Lebensmiddel-Modden?"

Gerda: „Ja, der wollt mich neilich auf a väddelste Nudel eilooden, aber dann ist ja der Schatzdown kummer. Seitdem hoggt er alaanz in die Haferflocken. In Guantanamo, oder wäi des hasst."

Margot: „Quarantäne, Depp. Ich hab a Idee. Etz schnappst dir die schönnste Unterhusn und frisst a Herzla nei. Des fliegst ihm dann nüber. Kontaktlos nadürlich. Und ich mou amal zur Berdda schauer."

Zehn Industrieminuten später.

Margot: „Subber Neuichkeiten! Die Berdda had sich aus Langeweile ins Wohnzimmer durchgfressen. Und dou hat's den Marggus ghert."

Gerda: „Marggus, die Sofa-Wanzen?"

17

Margot: „Naa! Den Ministerpräsidentn."

Gerda: „Ach, der …"

Margot: „Jedenfalls hat der Marggus gsachd, dass sich etz zwei Haushalte treffen dürfen."

Gerda: „Was hab ich mit Haushalte zu dou? Und zwaa davon, des gibt ja no mehr Gwerch."

Margot: „Du Sulln, des hasst, du kannst den Egon seng. Und zwoar sogar im Küchenschrank drinner."

Gerda: „Allmächd, des is schee!"

Margot: „Alzo, schwirr ab!"

Gerda: „Juhu! Ade."

Margot: „Die geht bestimmt mit ihm glei in die Haferflocken. Schee bläid. Aber goud für mich. Wenn die zwaa abglenkt sind, wass ich, was ich mach: Ich hogg mich ins Nuddellaglas. Aber briedschabraad!"

NIE WIEDER STUFENBARREN!

Manche wachen morgens schweißgebadet auf und freuen sich erleichtert, dass sie das Abi nicht mehr schreiben müssen. Oder die Mathematik-Klausur. Oder Latein-Prüfungen. Ich wache morgens schweißgebadet auf und freue mich, dass ich nie wieder zum Sportunterricht muss. „Morgen ist Sport!", wie ein Damoklesschwert hing der Satz in meiner Schullaufbahn über mir. Sport bedeutete unerfüllbare Körperherausforderungen, Schweiß und Demütigung. Okay, es hört sich vielleicht etwas krass an oder wie die Bundeswehr, aber ich habe es damals so empfunden. Und gäbe es einen besseren Platz, um mein Trauma zu verarbeiten, als diese Kolumne?

Der Terror fing schon in der Umkleide an: Wer mit 13 Jahren weder Markensport-

klamotten noch ausgeprägte weibliche sekun-
däre Geschlechtsmerkmale aufzuweisen hatte,
war schon von Anfang an draußen. Wer gleichzeitig in Ballsportarten so geschickt war wie ein
Tapir auf Droge, war doppelt draußen. Trotzdem
musste ich immer wieder hin. Und mich meiner
Schmach stellen. Bei der Wahl der Mannschaften
blieb ich immer übrig, zusammen mit den stark
Bebrillten und nicht ganz so Dünnen. Und die
waren auch noch alle besser als ich. Aber bitte,
wenn vier Teenie-Wuchtbrummen mit grimmi-
gen Gesichtern und Wurfgeschossen in Wasser-
melonengröße auf mich zueilten, folgte ich einfach dem normalen menschlichen Impuls: Ich
rannte weg.

Dementsprechend war ich in Völkerball sehr
gut. Vor Bällen davonlaufen konnte ich hervorra-
gend. Aber fünf Kilometer aus dem Stand joggen,
vielleicht waren es auch nur drei, dagegen nicht.
Würgend hing ich danach über den Baumschei-
ben im Schulhof. Ich fand Sport einfach zum
Kotzen.

Das alles war aber nichts gegen die Folter-
instrumente Bock, Kasten oder – das schlimmste
von allen – Stufenbarren. Allein schon das Wort

hört sich nach Unheil an. Die Wetterfrösche im Fernsehen sollten es immer mit ansagen: Vorsicht, morgen drohen Blitzeis und Stufenbarren! Dann wissen alle Bescheid.

Wir sollten damals Cirque-du-Soleil-hafte Übungen am Barren vollführen, mit todesmutigen Überschlägen. Wer das überlebte, musste zur Strafe auf den Kasten. Oder besser: über ihn hinweg. Eine Situation hat sich mir eingebrannt: Während ich mit Mühe mit einem Bein auf dem Kasten kauerte, während der andere Haxen nutzlos nach unten baumelte, lief die Übung am Kasten neben mir etwas anders ab. Judith (Name von der Redaktion nicht geändert!) mit den langen Beinen lief einfach über den Kasten hinweg. Aus Versehen. In einem Schritt! Während ich daneben ächzte wie ein Schwein auf der Schlachtbank. Von der Farbgebung her ganz ähnlich. Es war nicht fair.

Und auch die Leichtathletik fiel mir, dem Namen zum Trotz, schwer. Während die streberhaften Sporttussen sich mal eben schnell zum Dreierhandstand in Blütenform an der Wand stapelten, brauchte es bei mir zwei kräftige Helfer, um meinen Körper über Kopf aufzubäumen.

Bananenförmig hing ich durch – bis die Glocke der Erlösung schellte.

Erlösung brachte mir nur eines: Rhythmische Sportgymnastik. Während die Ballfreundinnen die Augen genervt verdrehten, ließ ich das Band begeistert flattern durch die Lüfte. Das Band war gut. Das Band war brav. Nicht einmal ich schaffte es, mich darin zu verheddern. Das einzige Schlechte daran: Es stand nur einmal im Jahr auf dem Programm.

Ich denke, ich kehre an die Schule zurück. Als Anti-Sportlehrerin. In meinen Stunden lehre ich aufrechtes Sitzen und intelligentes Geradeausschauen. Und wenn's mal hart sein soll: Lachyoga.

MIT DEN TASCHEN EINER FRAU

Neulich habe ich einer Freundin meine Tasche geliehen. Weil ihr für ein Bewerbungsgespräch noch ein seriöses Accessoire fehlte. Ich fühlte mich geschmeichelt, dass sie beim Stichwort „Seriosität" an mich dachte. Bevor ich ihr die Tasche aushändigte, schaufelte ich in drei Zügen schnell noch das Gröbste heraus. „Jetzt dürfte sie so gut wie leer sein", sagte ich stolz. Am Abend vor dem Bewerbungsgespräch schickte mir die Freundin ein Foto. Erschrocken betrachtete ich das Chaos: Hatten Einbrecher ihre Wohnung verwüstet? Auf den zweiten Blick erkannte ich, dass es sich nur um den restlichen Inhalt meiner Tasche handelte. Ein kleiner Bodensatz war offenbar doch noch darin vorhanden.

Auf dem Tisch ausgekippt lagen eine Regenschirmhülle, ein Päckchen Puderblätter, ein

Handy-Kabel, eine Handvoll Münzen, zehn Visitenkarten, ein Pfund in alle Bestandteile zerfallene Kugelschreiber, ein Päckchen Schmerztabletten, eine Handcreme, zwei Taschentuchpackungen, Kaugummis, die Lohnzettel des letzten halben Jahres, eine gesalzene Locken-Friseur-Rechnung, ein Kieselstein und ein Power-Snack-Riegel.

„Archäologisch auch für künftige Generationen interessant", schrieb mir die Freundin dazu. Ich stimme zu: Gegen mich kann Ötzi mit seiner Gürteltasche so was von einpacken! Bei mir haben die Forscher mal echt was zu tun. Und sollte der Notstand plötzlich ausbrechen, bin ich die Einzige, die mindestens noch zehn Tage überleben kann. Hamsterkäufe habe ich nicht nötig! Gut, wer bei einer Taschenkontrolle hinter mir steht, für den kann es manchmal etwas länger dauern. Dafür kann ich die Kraftreserven auffüllen, indem ich Müslisnacks verteile.

Und letzten Endes habe ich in meinen Taschen noch immer alles wiedergefunden. Seien es verschollen geglaubte Autoschlüssel oder steuerrelevante Belege. Manche wollten in meinen Taschen schon nach verlegten Ex-Partnern suchen …

Nie werde ich das Gesicht einer Freundin vergessen, die zum Spargelessen lud und deren Sauce Hollandaise verunglückt war. Verzweiflung pur – bis ich ein Päckchen feinster Instant-Hollandaise aus meiner Tasche zog, das zufällig noch darin war. Zur Spargelzeit war es auch, als ich am Nürnberger Flughafen für Furore sorgte: mit einem Spargelschäler im Handgepäck. Das sehen die dort nicht so oft über den Bildschirm flimmern.

Neulich zweifelte ich aber echt an mir. Der Ersatz-Hausschlüssel einer Freundin tauchte in keiner meiner 25 Taschen auf. Des Rätsels Lösung: Die Freundin hatte den Schlüssel selbst. Inzwischen hat sie ihn mir übergeben. Ich verwahre ihn an einem todsicheren Ort: in meiner Tasche, am Spargelschäler. Spätestens im Flughafen finden wir ihn wieder.

STANGENGOTT

Er ist wieder da! Der Spargel hat seinen großen
Auftritt. Die größte Diva unter den Gemüsen
geht jetzt auf Tournee in heimischen Küchen und
Gaststätten. Durch seine zeitliche Begrenztheit
schafft es das blässliche Gewächs, ein Tamtam um
sich zu kreieren, um das ihn mancher Star benei-
det. Schon Wochen vor seiner Niederkunft wird
die Werbetrommel gerührt. Streckt er dann endlich das Köpfchen aus der Erde im Knoblauchs-
land, wird er mehr beklatscht als das traditionelle
Neujahrsbaby. Juhu, das Leben hat wieder Sinn!
Sofort müssen alle Freunde und Familienmit-
glieder eingeladen werden. Was auf den Tisch
kommt, ist ja klar. Und auch beim Ausflug in
die Fränkische gibt es nur noch eine Bestellung:
„Spaaaaaargel!" schallt es von Walberla und Co.

„Gell, gell, gell", freut sich das Echo. Gerade noch die Flossen des letzten Karpfens im Maul, gießen alle schon die Sauce Hollandaise auf den Teller.

Aber wie bei jedem hochgejubelten Star beginnt sich für das Gemüse nach der Anfangseuphorie jetzt das Blatt zu wenden. Erste kritische Stimmen werden laut: Ob er denn wirklich so toll sei, der Herr Spargel? Und was der Hype um ihn eigentlich soll. Ja, ist er am Ende nicht nur Gemüse? Nicht mehr lang und es wird schick sein, zum Spargel-Gegner zu werden. Ihn explizit aus Hipster-Kreisen auszuschließen.

Und mal ehrlich: Was kann er schon, der Spargel? Außer sich ausziehen (lassen!) und hinlegen? Also bitte, dann möchte ich in Zukunft aber auch beklatscht werden, wenn ich den Bademantel fallen lasse und in ein heißes Bad steige. Wie jede richtige Diva hat der Spargel es geschafft, sich mit einer Aura aus Mythen zu umgeben. Und die beginnen schon beim Einkauf. Angeblich ist die Gefahr extrem groß, eine holzige Version des Gemüses zu erstehen. Horrorszenarien von wiederkäuenden und Fasern ausspotzenden Gästen werden an die Wand gemalt. Präsentiert sich der Spargel dann als seidenweich, ist man als Gastgeber schon geadelt. Ohne große Leistung! Die zweite Mär beruht auf seiner Zubereitung. Spargelschälen gilt neben Steilwandklettern und Ironman als härteste Disziplin. „Wenn man ihn halt nicht schälen müsste!", greint es überall. Tapfere Spargelschäler sind die Helden der Küche. Wer 15 Stänglein geschält hat, braucht die nächsten Wochen nichts mehr zu leisten. Irre. Selbst ich kann Spargel schälen. Auch dafür gibt es Lob bei Tisch. Kein Wunder, dass man sich darüber im Bassd-scho-Franken besonders freut.

Okay, der Spargel hat's einfach drauf. Ich finde, zum Ausgleich sollte man aber einem anderen Gemüse huldigen: der Verwandlungskünstlerin Kartoffel. Sie kommt gewürfelt, gebraten oder als Stopfer, als Pommes, Gniedla oder Baggers. Und muss sich immer nur als „Beilage" bescheiden. Aber damit ist jetzt Schluss: Bei mir gibt es heute Abend frische Kartoffeln! An Spargelsalat.

JOKERS DOPPELGÄNGER

Neulich hatte ich eine Erscheinung: Sie war grau getigert, dick und saß vor einem Eingang im Haus gegenüber. Ich blinzelte: Konnte es sein? Die Erscheinung maunzte, erhob sich und kam mit erhobenem Schwänzchen auf mich zugelaufen. Kontaktfreudig schmiegte sie sich an meine Beine und verwandelte sie in Pelzhosen. „Du siehst total wie Joker aus!", erklärte ich der Mieze. Sie miaute. Ich deutete es als Zustimmung. Okay, Tigerfell-Optik war bei Hauskatzen nicht so selten. Diese Mieze hatte aber nicht nur denselben Bezug wie Joker, sie verhielt sich auch genauso. Allerdings hatte sie einen Zacken im Ohr. Ich streichelte der Mieze das Köpfchen, dann ging ich weiter.

Inzwischen bin ich ihr einige Male begegnet. Wie Joker scheint auch sie ein großes Netzwerk in der Nachbarschaft zu haben. Ganz nach Jokers Masche bremst sie durch Vertrauensseligkeit Passanten aus, die fast alle anhalten, um die Mieze zu tätscheln. Oder um sich Sorgen zu machen, ob die Katze denn ins Haus gelangt. Es regnet schließlich.

Am Ende hat sie auch noch eine Stammkneipe. Das muss ich unbedingt mal recherchieren. Sollte mich jemand abends heimlich einer Katze nachschleichen sehen, stören Sie bitte die Untersuchungen nicht. Ich bin dann undercover unterwegs. Catwoman auf Verfolgungsjagd.

Im ersten Augenblick war ich aber auch ein bisschen empört über Jokers Doppelgänger. Das Ersatzmodell versetzte mir einen kleinen Stich ins Ex-Katzenmama-Herz. Andererseits: Was ist der ultimative Beweis, ein Star zu sein? Wenn man ein Double hat. Gretchen Müller hat höchstens einen Doppelgänger, wenn sie einen Zwilling hat. Nachgeahmt werden nur die echten Stars: Julia Roberts, Whitney Houston, George Clooney. Und Joker. Am Ende steht sie schon längst in Madame Tussauds Wachsfiguren-Kabinett. Zum Beispiel neben Michelle Pfeiffer oder Halle Berry. Die haben beide mal Catwoman gespielt.

Oder neben Gérard Depardieu. Da kommt sie schlank weg und bekommt vielleicht ab und zu ein kleines Gourmet-Wachs-Essen rübergereicht.

Ich denke, Joker zieht von oben die Strippen. Und lässt unten auf Erden ihr Körperdouble für sich arbeiten, während sie auf der dicksten Kuschelwolke im Katzenhimmel liegt und sich frittierte Hackbällchen ins Maul fliegen lässt.

Sollte das Double aber plötzlich beim Feuerbachs-Wirt hereinspazieren, könnte es sein, dass da oben jemand unruhig wird. Aber keine Angst, Joki. Original bleibt Original.

WUT IST GUT!

Hallo, ich begrüße Sie ganz scheißherzlich zu dieser KOLUMNE! Mann, schon wieder die Feststelltaste auf der Tastatur erwischt. Deshalb die Großbuchstaben.

Entschuldigung, probieren wir es noch einmal: Herzlich willkommen in diesem Text. Das Thema ist WUT. Hoppla, schon wieder die falsche Taste. Und raten Sie mal, was mich am wütendsten macht? Technik! Ich beglückwünsche mich selbst dazu, dass ich den Laptop heute noch nicht aus dem Fenster geworfen habe.

Es gibt einfach diese Tage, da regt einen alles auf. Und zwar zu Recht. Wenn nur noch drei Kaffeebrösel in der Dose sind, die Milch noch nicht eingekauft und das Brot alle ist, dann kann man damit rechnen, dass dieser Tag sich gegen einen verschworen hat. Konsequenterweise hakt dann einfach alles. Wenn schon, denn schon.

Anfangs bleibt man noch ruhig, aber ein hinterlistiger Anti-Mainzelmann legt immer noch eine Schippe drauf. Nackt aus der Dusche hervorspringen, weil der befreundete Hausstand früher kommt als angekündigt. Kein Thema! Wer präsentiert sich nicht gern in der Unterhose, mit nassen Haaren und tropft dabei seinen Boden voll? Danach draußen: Ätsch, Regenschirm vergessen! Regenschirm dabei? Na gut, dann wird eben schnell ein Sturm herbeigezaubert. Kein Problem!

Durchweicht kommt man im Supermarkt an, um an der längsten Kassenschlange seit Erfindung der Kassenschlangen teilzunehmen. Und kurz bevor man dran ist, möchte unser Vordermann, dass die Kassiererin den Spirituosenschrank aufsperrt, und meditiert dann ausführlich über der Entscheidung, ob er den Abend lieber mit Whiskey oder Rum beenden möchte. Grrr. Da würde man selbst gern einen Kurzen bestellen.

Die Erziehung sagt uns: Ruhe bewahren. Ich höre meinen Vater heute noch rollend wie Zarah

Leander sagen: „Beherrrrschung über den Augenblick ist Beherrrrschung über das Leben." Der Spruch stammt so ähnlich von der Schriftstellerin Marie von Ebner-Eschenbach. Gute Idee. Das Problem an Ideen ist allerdings oft ihre Umsetzung. Da geht es mir dann wie Ex-TV-Stern Bea Fiedler, die kürzlich in der Pseudo-Dschungel-Sendung sagte: „Contenance? Nä!"

Tatsächlich ist Wut auch gut. Sie zeigt uns unsere Grenzen. Die wir dadurch wahren können. Allerdings nicht, indem wir die Wut „ausagieren", wie die Psychologie sagt. Also: Ausflippen sollen wir nicht. Schade. Das kann ich nämlich gut. Beschönigend ausgedrückt kann man das „temperamentvoll" nennen. Im Lexikon gibt es viele hübsche Synonyme für Wut: Furor oder Leidenschaftlichkeit. Das klingt doch ganz gut. Okay, aber auch Raserei und Wahnsinn. Weniger gut.

Wenn wir wüten, sind wir in einem Fluss, in einem Gefühlsstrudel. Wir sollten ans Ufer treten und durchschnaufen. Uns unserer Emotion bewusst werden: „Ich spüre, ich bin gerade wütend." So lassen sich Gefühle kontrollieren, heißt es. Wir halten die Wut in uns. So kann sie sogar ein Energiespender werden.

Ich werde es demnächst mal ausprobieren. Wer weiß, was damit möglich ist. Anstatt mit der U-Bahn nach Hause zu fahren, schieß' ich mit der Wut direkt heim nach Schoppershof, wie Münchhausen auf der Kanonenkugel. Wenn Sie mich da oben sehen, wissen Sie Bescheid: Die Computertaste hat wieder geklemmt.

Schönes WOCHENENDE, VERDAMMT!

MEIMO UND DER BUDDER

Franken-Mobbing. In einer Kolumne habe ich mir mein Trauma von der Seele geschrieben. Als ein sehr hochdeutscher Professor meine Theaterkarriere im Studium an meiner Einsprachigkeit scheitern ließ. Weil ich zu meiner Muttersprache Fränkisch nicht noch die Fremdsprache Deutsch erlernt hatte. Statt „Meeachenbuch" sagte ich „Märrrrrchenbuccccch". Und „ürgendwie". Das fand er bei Shakespeare ürgendwie nicht so gut. Wobei es Julias Ansprache auf Fränkisch vielleicht mehr Schmackes verleihen würde: „Romeo, horch! Des war fei erscht die Nachdigall und nunnet die Lerche, du Doldi!" Vielleicht hätte er sich's dann noch mal überlegt. Und am Ende wären beide nicht tot, sondern zum Wellness nach Hersbruck gefahren.

Inzwischen geht es einigermaßen. Ich kann mich in der Welt verständlich machen. Sogar bei Preußen. Und es ist ja nicht so, dass ich als Kind nie mit Hochdeutsch in Berührung kam. Ich erinnere mich noch sehr gut an diesen inneren Sprachumsturz. Bis zum Übertritt ins Gymnasium war alles in Ordnung. Dann kam plötzlich der Schock: Der Schogglad, der Budder und der Radio wechselten plötzlich ihr Geschlecht. Die Schokolade, die Butter und das Radio. Konnte das wahr sein? Es hörte sich in meinen Ohren falsch, fälscher, am fälschesten an. Und diese Steigerung war auch schon wieder falsch, hat's kassen. Denn falsch kann man nicht steigern. Falsch ist falsch. Richtig.

Einigermaßen erschüttert wankte ich von der Schule nach Hause. Aber es kam noch mehr: der Tunnel. Für mich bislang „des Dunnellllll". Mit klarer Betonung auf gefühlt fünf „L" am Schluss. Falsch, erfuhr ich abermals.

Ich war kurz davor, die Schule hinzuschmeißen. Wegen unüberbrückbarer sprachlicher Differenzen. Ich musste aber doch weiter hin, hat's kassen. Und mit der Zeit gewöhnte ich mich an die Butter.

Aber es gibt doch Dialekte, die es mindestens so arg treiben. Jahre später fiel ich fast vom Hocker, als eine Allgäuer Freundin sprach: „Gibsch mir mal das Teller?" DAS Teller! „Haha, willst DES Gabel auch?", feixte ich. Jetzt konnte ich mich mal über einen anderen Dialekt lustig machen. Die Chance ließ ich mir nicht entgehen. „Des is frei nicht lustig", entgegnete die Freundin. Ich lachte noch mehr. Frei statt fei! Die Allgäuer sind crazy. Ich lachte so arg, dass frei fast das Teller vom Tisch fiel.

Aber natürlich sollte sich auch das rächen. Mehr als ich lachte dann wieder der Busfahrer in Hamburg, bei dem ich in sehr jungen Jahren eine Streifenkarte kaufen wollte. „Was möchtest du?", meinte er: „Ne Schdrrrreifenkadde?!" Die Leute im Bus lachten auch. Ich stieg wieder aus. Depp. Im Nachhinein sage ich: Danke, liebe VAG, für das Streifenbrandmal auf meiner fränkischen Seele. Wer als Kind mit „Zehner-Schdrrrreifenkaddn" aufwächst, auf denen aber nur jeder zweite Streifen abzustempeln ist, dem entfallen allgemein gültige Begriffe wie „Fahrschein" anscheinend.

Aber es geht natürlich auch umgekehrt. Ein Leser, der als junger Mensch nach Franken zog, rätselte lange über seine ältere Nachbarin, die das Gespräch abbrach, weil „Meimo" auf Essen wartete. Lange grübelte er, um wen oder was es sich beim mysteriösen „Meimo" handelte. Bis er herausfand: Der Meimo war ihr Mann, ihr Mo.

Allmächd, naa. Was wären wir nur ohne Dialekte? Um einige Scherzla ärmer. Des is gwieß.

BISKUITBODENLOSIGKEIT

„Wie backst du deinen Käsekuchen?" „Mensch, der Biskuitboden ist ja toll! Wie kriegst du den hin?" Sätze, die an hübsch gedeckten Tischen bei feierlichen Anlässen immer wieder fallen.

Sätze, die zu mir kein Mensch sagen muss. Denn nein, ich backe nicht. Denn ich packe es einfach nicht. Weder die Herstellung noch das Resultat. Genauso wie mir Fleischküchlemasse besser schmeckt als die verhutzelten Batzen aus der Pfanne, so sind mir auch die meisten Kuchen am liebsten: roh!

Schon als Kind habe ich nicht verstanden, warum man die leckere Masse mit dem Ofen so versauen muss. Teig bäckt im Kind – das wäre mein Ansatz gewesen. Ungesund, hieß es. Pfoten weg!

Stattdessen wird die gaumenschmeichelnde Masse zu einem trockenen Zeug verbacken. Kuchenliebhaber werden mir widersprechen. Aber es ist meine Kolumne, sorry!

Und ich kann die Begeisterung über Klassiker wie Marmorkuchen und Sand(!)kuchen nicht verstehen. Staubtrockene Kanten werden einem da auf den Teller gewuchtet. Die Wüste Gobi in Gugelhupfform. Die einzige Oase in Sicht ist die Kaffeekanne auf dem Tisch. Denn zu diesen Staubstücken muss man eine halbe Kaffeekanne aussaufen, um die Masse im Mund irgendwie gefügig zu machen. So viel Speichel hat kein Mensch.

„Oh, da hast du aber noch nie meinen New York Cheesecake probiert!", höre ich Backfans sagen. Doch, habe ich. Und ich bin beeindruckt, mit welch einfallsreichen Namen Kuchen jetzt modernisiert werden. Streuselkuchen heißen Crumble, Erdbeerkuchen wird zu Strawberry-Margarita-Cake, Kuchenmasse wird zu Cake-Pops verkugelt, als Cupcakes serviert oder als Muffins gereicht.

Muffins! Die einst moderne Kuchenvariante ist inzwischen schon fast so ein alter Hut wie der

Marmorkuchen. Und ungefähr genauso lecker. Ich habe zu ihnen eine ganz besondere Beziehung. Denn ein Muffin war es einst, der mich als Kuchenhasserin outete. Nach einem Hochleistungsmarathon von fünf Kilometern lag ich pulsierend mit kirschrotem Gesicht auf dem Waldboden, als eine Freundin mit einer Tupperware über mich geschwebt kam und mir einen braunen Batzen in Papierummantelung unter die Nase hielt. „Geh mir weg mit dem trockenen Gschlamp!", ächzte ich damals entkräftet ehrlich. „Aha!! Jetzt weiß ich, was du von meinen Muffins hältst!", gab sie zurück und zog ab.

Fortan war ich als Muffin-Hasserin bekannt. Und ja, ich stehe dazu. Muffins sind meist schön anzuschauen. Ich würde mir jederzeit einen als Deko auf den Schreibtisch stellen. Aber essen möchte ich ihn nicht. Ich beiß doch auch nicht in den Kölner Dom! Genauso trocken sind die Gebilde meist. Bei denen man erst die Papierumrandung frisst, bevor man zum Kern kommt, der auch nicht viel anders schmeckt. Babberdeggel!

Zum Glück kann es ja jeder halten, wie er will. Ich muss keinen Kuchen mögen und auch keinen herstellen. Mein Käsekuchen-Rezept geht so: Man nehme 1 Telefon und 1 Telefonnummer einer wunderbaren kleinen Bäckerei bei mir um die Ecke. Man sage „1 Käsekuchen, bitte" (Menge variabel). Dann auflegen und den Bäcker über Nacht gehen lassen. Eventuell mit einer Bettdecke zudecken.

Am nächsten Tag nehme man seine 2 Füße und gehe dort hin. 1 Türe aufmachen, 1 bis 2 Esslöffel voll Geld hinlegen. Fertig ist der Käsekuchen. Aber vielleicht tue ich es irgendwann doch und mache eine Strawberry-Norimberga-Cheesecake-McMuffin-Cake-Pop-Crumble-Tarte. Und lade alle Leser ein.

Und wehe, es schmeckt euch dann nicht. Dann gibt's eins auf die Biskuitlöffel!

ANLEITUNG ZUM
UNVERNÜNFTIGSEIN

Ratgeberliteratur boomt ja. „Sorge dich nicht, lebe!", damit hat gefühlt alles begonnen. Bücher, die uns erzählen, wie unser Leben einfacher wird. Und uns sagen, dass das Leben eigentlich easy ist, nur wir selber machen es uns so schwer. Aber gibt es wirklich ein Leben, das simpel ist? Vielleicht, wenn man ein Simpel ist. Okay, der Gag könnte aus einem Comedy-Ratgeber stammen: „Kein Kalauer ist so schlecht, dass man ihn nicht doch bringen könnte."

Wir werden eingedeckt mit Tipps, wie wir unsere Beziehung im Lot, uns selbst im optimalen Gewicht und unseren Kleiderschrank aufgeräumt halten. Puristisch daherkommende Menschen mit asiatischen Namen erzählen uns, dass 20 Kleidungsstücke vollkommen ausreichen und man überhaupt nur 40 Gegenstände in der Wohnung braucht. Diese Menschen leben in einem anderen Universum als ich. Bei mir haben schon die Motten im Schrank mehr Socken als Aufräum-Expertin Marie Kondo.

Was bei allem aber fehlt und dringend benötigt wird, ist Folgendes: eine Anleitung zum Unvernünftigsein. Denn wenn wir immer alles sofort erledigen und brav funktionieren, dann geht das schon. Aber Spaß macht es nicht. Weil dann das Leben auf der Strecke bleibt. Oder auch nur in einem Zeit-Slot stattfinden darf: Leben von 16 bis 18 Uhr. Juhu.

Also, seien wir doch ein bisschen unvernünftig. Und widersetzen uns diesen schlauen Sprüchen der Fleißbegabten.

1. Morgenstund hat Gold im Mund – aber ich bin eher der Silbertyp. Ein guter Start in den Morgen ist auch, einfach mal liegen zu bleiben. Ich zum Beispiel kann es mir nicht leisten, mich schon um sechs Uhr zu erheben. Weil ich sonst doch niemals auf acht Stunden Schlaf komme – und die sind ratsam für Wohlbefinden und Gesundheit. Das sagen Arzt und Apotheker.

Früher ins Bett zu gehen, ist kein gutes Argument. Denn die richtig guten Gespräche ergeben sich erst gegen Mitternacht und niemals vor 22 Uhr. Nicht umsonst gibt es im Fernsehen Late-Night-Shows. Wer hat, bitte, schon mal um neun Uhr morgens ein wirklich interessantes Gespräch geführt? (Und nein, neun Uhr nach durchgemachter Nacht zählt nicht!) Da sind die Themen doch eher Frühstücksfernsehen.

2. Was du heute kannst besorgen, das verschiebe ruhig auf morgen. Der längere Anruf bei Tante Hilde, die Steuer, der komplizierte Schrieb einer Behörde – schon am Morgen hat man keine Lust auf den Tag, der einen so sexy anfunkelt wie eine verstaubte Aktentasche. Die unliebsamen Aufträge liegen uns wie ein gordischer Knoten im Magen. Dann zerteilen wir ihn kühn, indem wir seine Lösung auf morgen verschieben. Selten fühlt sich Freiheit größer an! Kurzzeitig, aber trotzdem. Und es ist ja so: Lösen wir das Problem, bekommen wir zum Dank am nächsten Tag sofort ein neues. Altes Problemauffüllungsgesetz. Also behalten wir doch unser altes noch einen Tag länger. Mit dieser Haltung endet sogar ein absoluter Filmklassiker: „Ach, morgen ist auch

noch ein Tag", seufzt Scarlett O'Hara in „Vom Winde verweht" am Schluss. Wollten wir nicht immer schon ein bisschen wie Vivien Leigh sein? Na also.

3. Wenn es am schönsten ist, soll man bleiben. Denn wer geht denn bitte, wenn es am schönsten ist? Dieser Spruch ist doch totaler Unsinn und gehört endlich richtiggestellt: Wenn es blöd ist, soll man gehen. Ansonsten bleibt man natürlich. Und macht sich noch ein Getränk auf.

4. Aller guten Dinge sind drei. Der beste Grund, um hier unvernünftigerweise noch einen vierten Punkt hinzuzufügen. Denn wer sagt, dass nicht das vierte Ding der absolute Knaller ist? Ein viertes Ding kann absolut sinnvoll sein. Oder versuchen Sie doch mal auf einem dreibeinigen Stuhl zu sitzen! Bei „Sex and the City" sind es vier Ladys, die die Runde perfekt machen. Und drei Fäuste für ein Halleluja wären eine Faust zu wenig. Es gibt vier Jahreszeiten und die Pizza „Quattro Stagioni" würde ohne vierten Teil unrund aussehen.

Viel Erfolg mit dieser Anleitung. Genau daran halten sollte man sich aber nicht – denn das wäre ja schon wieder vernünftig.

DIE KÄRWA DES GRAUENS

Neulich habe ich etwas Krasses getan: Ich war auf einer Kärwa im Nürnberger Land. Bis heute habe ich mich nicht davon erholt. Ich versuche es deshalb wie üblich mit einer Schreibtherapie. Sprechen kann ich darüber noch nicht. Es hatte alles ganz harmlos angefangen. „Kommst du mit zu einem Brauereifest?", fragte mich eine Freundin. Vor meinem geistigen Auge entstand eine beschauliche Szenerie: Fachwerk, geschmückte Holztische, ein paar schöne Biere vor gemütlicher Kulisse. Ein bisschen wie das Altstadtfest, nur ohne japanisches Rushhour-Feeling. Gute Idee, dachte ich und sagte zu.

Es begann tatsächlich idyllisch. Der kleine Innenhof, eingebettet in niedrige Häuschen, vermittelte eine heimelige Atmosphäre, die Holzbude, aus der Getränke verkauft wurden, war recht urig. Es hätte sehr schön sein können – ohne die Einwohner. Die schienen mir ein wenig finster dreinzuschauen. Als gebürtige Nürnbergerin ließ ich mich davon natürlich nicht abschrecken, sondern bestellte mir als Rüstzeug ein schönes Schaschlik. Mit großem Schwung landeten graue Fleischbatzen auf meinem Teller. Spontan kam mir ein Pferd mit Durchfallproblematik in den Sinn. Die Pommes dazu hatten eine Konsistenz wie Ötzis Gebeine.

Spätestens an der Stelle hätten mir Zweifel an der Idylle des Abends kommen können. Stattdessen schritt ich frohen Mutes mit der Freundin in das erste Zelt, in dem eine Band die Hits der 80er aufspielte. Aus der Ära schienen die Insassen auch zu stammen. Vielleicht saßen sie auch seitdem dort. Nette Jeans-Muttis mit pfiffigen Stickereien am Hintern und fetzigen Diddl-Maus-Oberteilen machten endlich einmal einen wohlverdienten Mädelsabend. Ein Literchen Aperol Spritz pro Nase zauberte ihnen ein rosiges Lächeln auf die Wangen. Der Rest der Bierbanksitzer hatte dagegen keine so schön belebte Hautfarbe. Einige Herren und Damen sahen eher aus wie der Marlboro-Mann. Im Endstadium.

Um mir noch mehr Einblicke ins Dorfleben zu geben, vor allem aber, um einen Freund zu suchen, wechselte die Freundin mit mir die Location. Im nächsten Festzelt schienen etwa 100 Junggesellenabschiede gleichzeitig stattzufinden. Freundlich lallend wurden wir von ein paar männlichen Vertretern der Dorfjugend begrüßt. Die neonfarbenen Leuchtstäbe um ihre Hälse wiesen uns den Weg ins Innere. Von den Vorgängen dort weiß ich zum Glück nichts mehr, weil mir Bierschweißdampf und Zigarettenrauch aufs Angenehmste die Sicht vernebelten.

Kurz durfte ich draußen nach Luft schnappen, dann fuhr die fränkische Geisterbahn mit mir weiter. Vorbei an zwei leichenblassen Erschreckern in Jogginghosen ging es zu einer Wirtschaft am Eck. Gespensterhaft schimmerten umfangreiche Gestalten durch die Butzenscheiben – ich beschloss, vor der Tür zu warten. Während ich zum Vollmond schaute, ploppte in meinem Kopf der Gedanke an das Musikfest in Sestri Levante auf. Malerische Gassen, eine italienische Nacht, in der Ferne das Rauschen des

Meeres … Ein mittelalter Franke, der neben mir so gut gelaunt wie kraftvoll auf den Boden spotzte, riss mich wieder aus meinen Gedanken. Er lachte mich freundlich an, ich drehte mich um und ging zurück zum Bierausschank. Um meinen Anfangsfehler wiedergutzumachen. Wer nüchtern in eine fränkische Kärwa einsteigt, ist ja selber schuld.

DIE KATZEN DER ANDEREN

Um es mit der Abwandlung eines Loriot-Spruchs zu sagen: Ein Leben ohne Katze ist möglich, aber sinnlos. Wer kein eigenes Exemplar dieser Pelztiere besitzt, kann sich glücklich schätzen, wenn er an Fremdkatzen ein wenig teilhaben darf. So wie ich zurzeit. Da die beste aller Nachbarinnen im Urlaub weilt, habe ich die ehrenvolle Aufgabe der Fütterung ihrer Raubtiere übernommen. Wobei auf eine der beiden Miezen dieser Begriff bestens passt. Wer einmal gesehen hat, was dieses Tier mit den Beinen des Küchenstuhls gemacht hat, der schreitet nur noch in Ritterrüstung zur Fütterung. In biberhafter Manier hat sie die Haxen minimiert. Nicht mit dem Gebiss, sondern mit den Krallen – die messerscharf sein müssen. Edward mit den Scherenhänden ist nichts gegen diese Katze. Zum Glück verhält sie sich wie Marlene Dietrich in der Endphase: Sie zeigt sich nicht. Aber vermutlich nicht deswegen, um ihren Schönheitsmythos von einst nicht zu zerstören, sondern aus einem anderen Grund: Sie hat keine Lust. Fremdfütterer gehen ihr am Allerwertesten vorbei. Der einzige Zweibeiner, den sie akzeptiert, ist ihre Besitzerin. Ende.

Zum Ausgleich lebt die Katzendiva in einer WG mit einer Schmusekatze. Im Gegensatz zur Dietrich ist die eher Daniela Katzenberger. Redselig, ein bisschen naiv und immer vornedran. Kaum sperre ich die Türe auf, streckt sie mir ihr Köpfchen schon entgegen. Maunzend und mit Schwänzchen in der Höh' folgt sie mir auf allen meinen Schritten durch die Wohnung. Ein Schauspiel, das die Dietrich manchmal von weit weg, auf dem Sofa oder dem Bett thronend, verfolgt: „Meine Güte, wie speichelleckerisch", scheinen ihre schwarzen Augen zu sagen. Im Gegensatz zur kleinen Naiven spielt die Dietrich gerne die Unberührbare. Und die Unauffindbare. Um mich und ihre Besitzerin von ihrer Lebendigkeit zu überzeugen, eilte ich neulich durch die Wohnung. Unwürdige Lockrufe ausstoßend. Aber die

Dietrich blieb besser versteckt als jedes Osterei. Erst die Unterbodenuntersuchung des Bettes in Kfzler-Haltung ließ mich einen schwarzen Pelzhintern erahnen: „Der Diva geht es gut", schrieb ich der Nachbarin und erhob mich ächzend.

Und nicht nur Katzenfreunde wickeln diese Tiere um den Finger. Sie kriegen alle. Im Haus einer Freundin spazierte neulich ein Löwe zur Tür herein. Bei genauerer Betrachtung entpuppte er sich als Maine-Coon-Kater. Im Pfotenumdrehen beendete er die Putzteufeligkeit der Freundin. „Das kann ich jetzt nicht bringen", sagte sie und machte den Staubsauger aus. „Sonst geht er ja!" Der Kater legte sich majestätisch auf den Boden. Eine Katze im Raum ändert die Atmosphäre. Übertriebene Hektik und Aktionismus weichen. Zugunsten von Liegen, Ruhe, Fellpflege.

Was wohl Diva Dietrich von ihm halten würde? Ich partnervermittle die beiden lieber nicht. Sonst sieht der Kater aus wie ein gerupftes Hühnchen. Stattdessen zitiere ich Herrn Rilke: Ein Leben und dazu eine Katze, das gibt eine unglaubliche Summe.

PROSECCO-GELEE UND
KARPFEN-KONFITÜRE

Jetzt ist sie wieder gekommen: die Zeit, in der man sich an den Ernte-Erträgen des Sommers labt. Die andere Leute, wie die Tante der Verfasserin dieser Zeilen etwa, gerne blubbernd auf dem Herd einkochen. Der Sommer wird konserviert, in Form von Zwetschgen- oder Erdbeermarmelade. Von letzterer bin ich ein großer Fan. „Erdbeermarmelade ist mir am liebsten", sage ich regelmäßig zur Tante. Was sie nicht davon abhält, mir ab und zu Kornapfel-Zimt oder Williams-Birne-Deluxe unterzujubeln.

Das ist aber noch gar nichts gegen die sadistische Mode, möglichst abstruse Marmeladen herzustellen. Kombinationen, gegen die Chili-Salz-Schokolade gar nichts ist. Man erkennt sie schon an der Verpackung: Außen raschelt gerne Zellophan an ihnen, ein glitzernder Anhänger verkündet den Inhalt: Prosecco-Gelee. Oder Aperol-Spritz-Gelee. Oder Weißwein-Gelee mit Minz-Basilikum-Flavour. Bitte! Prosecco und Aperol immer gerne. Aber bitte im Glas – nicht im Einmachglas. Wer möchte sich ernsthaft morgens Sekt-Gelee aufs Brot schmieren? Ich bitte nicht. Das kann man den Produzentinnen der Konfitüren freilich nicht so sagen. Deshalb schreibe ich es nur ganz leise hier in die Zeitung.

Kreiert werden die kreativen Konfitüren von crazy Lady Marmalades Mitte 60. Die vermutlich aus guten Gründen noch ein bisschen mehr im Leben wollen als immer nur langweilige Erdbeermarmeladen. Ich habe volles Verständnis. Aber könnten die Damen ihren crazy Kreativschub nicht anders kanalisieren? Mit Salzteig-Bungeejumping oder Aroma-Yoga?

Bevor am Montag der Watschenbaum für mich in der Redaktion umfällt, möchte ich einräumen, dass es sich natürlich um eine höchst subjektive Meinung handelt, nämlich meine. Es gibt sicher viele Menschen, die sich über einen

Champagner-Lakritz-Johannisbeer-Aufstrich wahnsinnig freuen.

Meine beste Freundin zählt allerdings auch nicht dazu. „Mag jemand Rotwein-Gelee", versuchte sie neulich ein Geschenk weiterzureichen. Leider erfolglos. Man könne es aber sehr gut unschädlich machen, indem man es in etwa einem Kilo Zwetschgenmus auflöst, riet ihr eine in diesen Dingen erfahrene Freundin. An Vanilleeis gereicht, würde es dann sogar recht gut schmecken. Meine Freundin überlegte kurz: „Oder ich löse es einfach im Valznerweiher auf, da schmeckt man es auch fast nicht mehr." Wir kamen davon aber wieder ab. Denn vermutlich ist der schon voll mit Mango-Chutney. Das war auch mal große Mode.

Ich hoffe einfach, dass die Zeit des Purismus bei den Marmeladen wieder Einzug hält. Erdbeermarmelade pur. Mehr braucht man nicht. Bis dahin wird es aber noch dauern, fürchte ich. Am besten wappne ich mich schon für das erste Bier-Gelee und Schäufele-Marmelade.

Dann schlage ich aber zurück! Mit 200 Gläsern Karpfen-Konfitüre. Und Kartoffelsalat-Chutney. Bon appétit!

ALLES MUSS RAUS!

Stubenhocken ist normalerweise ein beliebter Freizeitsport. Raus? Ach nee, ich schau lieber noch ein bisschen Fernsehen, Netflix oder drücke auf dem Handy rum. Geht mal lieber ohne mich. Aber jetzt! Ist alles anders. Jetzt, da wir alle wegen der Pandemie zuhause bleiben sollen, drin in den kuscheligen vier Wänden, führen sich alle auf wie der Psychiatrie-Patient, der nicht in die Gummizelle will. Nein, lasst mich raus, lasst mich raus!

Jetzt drängt alles nach außen wie überkochendes Wasser im Nudeltopf. Ich weiß es, denn ich war selber draußen. Nur so, wie es erlaubt ist, keine Sorge. Letztes Wochenende war ich im Stadtpark bei mir um die Ecke. Alleine. Bei Überholmanövern (Omas, Opas, Kleinkinder) hielt ich mehr als zwei Meter Abstand.

Alle anderen Menschen trabten ebenfalls hochanständig mit Sicherheitsabstand und nie in größeren Gruppen als zu zweit um den Park. Die Spielplätze waren ordnungsgemäß leer. Bis auf ein paar Tauben, und selbst die gurrten mit Sicherheitsabstand von 1,5 Metern.

Dass sie allerdings zu dritt unterwegs waren, machte mich kurz neidisch. Dann war ich aber wieder zufrieden. Mehr Menschen, mehr Worte. War es nicht mal schön, Stille zu genießen? Ich setzte mich auf eine Bank und schloss die Augen.

„Gustav!!", riss mich ein gellender Schrei aus den Gedanken. „Kommst du jetzt, bittöööö!?" Hinter mir stampfte ein Kleinkind durch die Rabatte. Dahinter knurrte die entnervte Mutter. Die Kommunikation auf Augenhöhe mit dem Zwerg probierte. „Gustav! Mama wird jetzt wirklich sauer!" Gustav kümmerte das wenig. Unverdrossen raschelte er hinter mir in der Rabatte. Ich drehte mein Gesicht in die Sonne und schnaufte durch. „Gustav! Jetzt ist aber wirklich Schluss", erscholl es hinter mir. Die Rabatte zitterte kurz. Dann stapfte Gustav weiter. Die Mutter zog den letzten Trumpf aus dem Ärmel. „Gustav, du hast Stinker gemacht!" Ich erstarrte. Moment, wo genau war Stinktier Gustav? Er hielt doch wohl hoffentlich den nötigen Sicherheitsabstand zu mir? „Dann lässt Mama dich jetzt mit deinem Stinker alleine!", drohte die Frau Mama. Gustav blieb gechillt. Ich schnellte auf. Das Letzte, was ich aus der Ferne sah, war Gustav mit heruntergezogener Hose, das nackte Ärschlein im Märzenwind. Gustav wurde open air gewickelt. Weil wir jetzt alles open air machen. Und uns maximal bewegen. Aus Angst, auf dem Sofa festzuwachsen. Radelnde Familien fuhren an mir vorbei, der Wind von E-Rollern wehte mir die Locken hoch. Es wurde gejoggt, jongliert und Freiluft-Yoga praktiziert. Bei heimeligen sechs Grad Außentemperatur. Tag drei der Ausgangsbeschränkung und alle führten sich auf, als ob das Draußen morgen nicht mehr da wäre.

Die spinnen doch alle!, dachte ich. Dann joggte ich nach Hause. Ich sprang parkourstyle über Mülleimer, parkende Autos und chillende Katzen, dann hüpfte ich im Handstand zu meiner Wohnung im dritten Stock. Ich öffnete die Tür mit den Zehen und schlug einen letzten Salto auf mein Sofa. Dort bleibe ich jetzt sitzen. Versprochen.

DU WOLLE ROSE KAUFEN?

Liebe Liebenden, seid stark: Diese Kolumne ist den Nicht-Verliebten gewidmet, den Ex-Verliebten, den „Ich rufe nicht zuerst an! Definitiv, wahrscheinlich, hoffentlich!"-Liebenden, den Zwangs-Singles und den glücklichen Einzelgängern. Denn auch die gibt es ja sehr wohl. Für vieles wurde schon geklatscht, heute soll für die Singles geklatscht werden. Denn sie haben in Corona-Zeiten eine Tapferkeitsmedaille verdient. Viele lebten auch ohne Zweisamkeit ganz fröhlich. Schließlich gibt es da etwas Fabelhaftes, das das Leben jedes Singles besser macht: Freunde! Mit denen man lachen kann, weinen, Bier trinken und die einen umärmeln, wenn es mal nicht so läuft. Jetzt können Singles die Stehlampe zuhause umarmen. Das ist irgendwie nicht das Gleiche.

Für Paare gibt es Tipps für den V-Tag. Sie können es sich endlich mal daheim gemütlich machen. Nach dem Motto: „Schatz, ich habe uns einen Tisch reserviert – in der Küche." Daran können sie dann dinieren, in der schönsten Romantik-Jogginghusn und mit in Herzform geschnittener Tiefkühlpizza.

Aber auch Singles müssen an diesem Tag keine Herzlesträne weinen. Auch Menschen, die nicht mit der gleichen Outdoorjacke wie ihr Partner herumwetzen, können Liebe in ihrem Leben haben. Freundschaftliche, familiäre oder meinetwegen Liebe zum Haustier. Wobei man bei Katzen keine große Valentins-Romantik erwarten sollte. Zum Blumenkaufen haben sie meistens keine Mäuse, weil sie die schon gefressen haben. Dädäää!

Um das geistige Niveau wieder etwas zu heben, ein berühmtes Zitat von dem Autor John Donne: „Niemand ist eine Insel." Es stammt also trotz Valentinstag auch etwas Gescheites aus England. Wir hängen alle zusammen. Auch in unseren Problemen. Wer das nicht glaubt, muss nur spazieren gehen. Dort setzen sich gerade sämtliche Menschen mit ihrem (Liebes-)

Leben auseinander. Denn Kneipengespräche werden jetzt auf der Straße geführt. „Ich ruf an und schon war die Stimmung im Eimer", schilderte neulich einer seinem Freund. „Hm ... blöd, schwierig", antwortete der. „Erst meldet der sich gar nicht, dann ruft er plötzlich an, als ob nix gewesen wäre", empörte sich eine andere bei einer Freundin am Wöhrder See. „Hm ... schwierig, blöd", antwortete die. „Ich hab natürlich nicht reagiert. Der braucht gar nicht zu denken, ich denk an ihn!"

Denken wir an die Floristen und kaufen ein paar schöne Blumen. Das geht auch, wenn wir negativ auf Partnerschaft getestet sind. Schenken wir sie Freunden oder uns selbst. Und dann benennen wir den Tag um in den Karl-Valentin-Tag. Denn es ist so, wie er sagt: „Jedes Ding hat drei Seiten. Eine positive, eine negative und eine komische."

WENN DER PYTHON SHOPPEN GEHT

Shoppen. Angeblich eine Lieblingsbeschäftigung vieler Frauen. Am besten an einem Samstag. So startet man gut ins Wochenende. Und so schaut Shoppen im Idealfall aus: Man flaniert von Shop zu Shop, in der einen Hand einen Smoothie, an der anderen den Partner oder die beste Freundin. Die natürlich auch Shopping-Fan ist. Schlendernd betritt man ein Geschäft, liebkost jedes einzelne Kleidungsstück mit den Augen, streicht sanft über Samt und Seide. Ab und an probiert man etwas an, aber nichts, wobei man sich schwitzend ausziehen muss. Sondern vielleicht eine schöne Kette. Oder man testet, wie einem eine strassbesetzte Feder auf dem Kopf stehen würde. Hach.

Ich will jetzt nicht wieder mit der Realität kommen. Aber ich muss es. Denn bei mir läuft

„Shoppen" irgendwie anders. Vielleicht weil mein Beweggrund schon ein anderer ist. Ich tue es nicht aus Lust, sondern weil ich muss. Weil die verfressenen Motten in meinem Schrank das Sommerkleid jetzt endgültig so zerlöchert haben, dass es aussieht wie ein Einkaufsnetz. Oder weil eine meiner zwei Haupthosen nach acht Jahren an Stellen geplatzt ist, bei denen die Behauptung „Das ist Vintage" auch nicht mehr weiterhilft. Vintage am Hosenbein ist hip, Vintage am Hosenboden ist ordinär. Diese Gründe sind es also, die mich in die Stadt oder ins Einkaufszentrum jagen. Ja, ich gehe tatsächlich noch aus dem Haus, um Kleidung zu erwerben. Vom Flanieren bin ich allerdings weit entfernt.

Anfangs bin ich noch guten Mutes. Aber spätestens wenn ich mir die zehnte Röhrenjeans vom Leib gepellt habe, ähnlich einer Schlange, die sich häutet, habe ich schon die Schnauze voll. Dann nimm doch keine Röhrenjeans, höre ich da. Hallo?! Wann waren Sie zum letzten Mal in der Stadt? 1991? Es gibt nur noch Röhrenjeans. In eng, enger oder „Achtung, hier können wichtige Gefäße abgedrückt werden"-eng. Es sei denn, man wählt den Boyfriend-Look, mit breitbeinigeren Hosen, die aussehen sollen, als ob man sie dem Freund geklaut hätte. Darin sehen aber nur spindeldürre 18-Jährige gut aus. Bei allen anderen denkt man, ihre Karottenhosen stammen wirklich noch aus den 80er Jahren.

Schwer schnaufend verlasse ich schon das erste Geschäft, gänzlich ohne Lust, noch mehr Strumpfhosen-Jeans anzuprobieren. Ich muss es aber, weil ich sonst nur noch Stückzahl 1 Hose im Schrank habe, mit der ich das Haus verlassen kann.

Ähnliches spielt sich mit Kleidern ab. Die Ballonkleidermode lässt mich wie einen Ballon aussehen, geblümte Aufdrucke verwandeln mich in Tante Hilde. Auch frechen Leo-Print möchte ich lieber nicht. Waltraud und Mariechen lassen grüßen.

Immer schön ist es zur Sommerzeit: Nackig, bis auf Socken und Maske, steht man in der Kabine und versucht, sich das Kleidchen über den Buckel zu streifen. Und immer bremst das verdammte Etikett. Erst wenn man Bewegungen wie der Schlangenmensch im Zirkus vollführt hat, kann man das Kleid an der Bremse vorbei an seinem Leib hinabreißen, Pardon, sanft rollen, natürlich. Und was blickt einem im Spiegel dann entgegen? Mariechens Mudder!

Schuhe dagegen gehen. Allein schon weil man sich dafür nicht nackig machen muss. Oft sind die Treter aber in etwa so bequem wie Holzpantinen.

Nein, ich gehe nicht gerne shoppen. Das weiß das Universum. Und beschert mir alle zwei Jahre eine Stunde, in der ich in einem Geschäft ALLES finde. Wie ein Shopping-Python verleibe ich mir auf einen Schlag die nötigen Klamotten ein, um die nächsten zwei Jahre zu überstehen. Ich schleppe die Beute nach Hause und falle in einen tiefen Shop-Koma-Schlaf. Das Letzte, was ich höre, ist ein leichtes Schaben aus meinem Kleiderschrank: Die Motten wetzen darin schon Messer und Gabel. Und freuen sich auf Futter-Nachschub. Nächstes Mal schicke ich sie zum Kleider-Shoppen. Es heißt doch nicht umsonst Kla-Motten!

KOLUMNISTIN IM HÖHENFLUG

Man kann Abenteuerurlaube buchen. Man kann seinem Leben aber auch hier in Franken Spannung verleihen. Zum Beispiel, indem man sich einfach mal in einen Segelflieger setzt. Mit Höhenangst. Die man erfolgreich verdrängt hat, als man der Einladung einer netten Fliegerin gefolgt war. Selbige segelt im Segelclub Lauf-Lillinghof gerne durch die Lüfte und lud mich auf einen Mitflug ein. „Das wird lustig, vielleicht ergibt's sogar eine Kolumne", meinte sie lachend. Haha. Allerdings!

Außer darüber, wann ich zeitlich könnte, dachte ich über nichts nach. Ich freute mich. Und vergaß dann die Segelfliegerei mitsamt meiner Höhenangst. Tatsächlich ist es so, dass ich nicht auf einen Schemel steigen kann, ohne dabei mindestens von einer Person gestützt zu werden (es gibt Zeugen dafür, leider). Beim Glühbirnenwechsel an der Decke erklimme ich die Leiter mit einer Anspannung, als wäre es der Mount Everest. Aber gut, im Flugzeug müsste ich ja nur sitzen, oder? Hoch oben in der Luft allerdings. Ich verdrängte den Gedanken, weiter daran zu denken.

Frohgemut erreichte ich am Tag der Tage den idyllischen Segelplatz. 13.30 Uhr, Sonne über Lillinghof – die Frisur sitzt. Ich lächelte und bewunderte die fantastische Aussicht. Möglicherweise auch um etwas Zeit zu schinden, denn meine Verdrängungsstrategie fiel langsam in sich zusammen. Für einen ordentlichen Angstaufbau blieb mir aber keine Zeit.

Pilotin Luna, Typ gut gelaunte Sprungfeder, winkte mich heran, kaum hatte ich den Fuß aus dem Auto gesetzt. „Kann gleich losgehen!" Okay, aussteigen und einsteigen, bitte. Eiligen Schrittes folgte ich ihr. Die Fluggeräte strahlten wie weiße Libellen in der Landschaft. Sie waren sehr schön, aber auch sehr klein. Mein Magen begann zu grummeln. Ich dachte an mein letztes Volksfest-Fahrerlebnis zurück. Und an die von mir ausgestoßenen Dezibel. „Ähm", wandte ich mich an die Pilotin, „es könnte sein, dass ich eventuell etwas herumschreie …" „Du kannst alles machen, kein Problem", antwortete die Pilotin meines Vertrauens. „Es wäre nur cool, wenn du vielleicht nicht kotzen würdest." „Alles klar." Mein Magen meldete Bedenken an. Schweig!, rief ich ihm innerlich zu.

Dann standen wir vor unserer Libelle. „So", sprach die Sprungfeder, „hier jetzt erst mal der Fallschirm." Fall … was??! Schneller, als mein Fluchtreflex einsetzte, schnallte mir die Pilotin den Schirmrucksack auf den Buckel und zurrte mich damit auf dem hintersten Sitz fest. Gefangen am Arsch der Libelle lauschte ich ihren Anweisungen. „Im Falle des Falles drehst du am Rad, dann gehen die Gurte auf. Dann ziehst du die Hebel an den Fenstern nach unten. Dann fetzt es die Haube weg!" Sie stellte es mit einer großen Geste dar, sehr gut, denn sie ist auch Schauspielerin. „Und dann musst du nur noch aus dem Flugzeug klettern." Ich schluckte. Teile von mir dachten über eine spontane Ohnmacht nach. „Und beim Fallschirm", sprach sie gut gelaunt weiter, „reißt du den Hebel nach unten, nicht zur Seite. Aber das sagt dir die Panik dann schon." Mir sagte die Panik, dass es vielleicht am schönsten wäre, ihr beim Fliegen zuzuschauen. Von unten. „Äh", wandte ich ein, als sich die Haube des Segelflugzeuges über meinem Erwin-Pelzig-haften Hütchen schloss, „vielleicht will ich doch lieber nicht?" „Doch, du willst." „Alles klar." Das Schleppflugzeug vor uns brachte die Sache ins Rollen.

„Du", rief ich nach vorne. „Wegen dieser Sache mit dem Kotzen: Falls ich doch spontan wollte …"

„Tüte ist in der Tür." „Alles klar." Ich klammerte mich mit dem Hütle auf dem Kopf ans Tütle, dann ergab ich mich meinem Schicksal. Ruckzuck war der Boden unter den Rädern der Libelle weg, wir stiegen in die Lüfte.

Vier Kreischer später lag Franken unter uns. Grüngelbe Pracht aus Bäumen, Wiesen und Rapsfeldern. Etwas Seltenes in meinem Leben trat ein: Ich war sprachlos. Dann verlieh ich dem Eindruck hochsprachlich Ausdruck. „Mega!" Ich ließ die Tüte langsam los. Wenn man schon einen Höhenflug hat, dann sollte man ihn auch genießen. Ich bestaunte die Welt von oben. Und vielfach auch von der Seite, denn wir flogen viele Spiralen. Lillachtal, Gräfenberg und Kirchrüsselbach von oben! Ich hab die Welt gesehen. Weil mein Mageninhalt nach einiger Spiralzeit auch bald die Welt sehen wollte, setzten wir zur Landung an. Ich klatschte so laut wie ein vollbesetzter Touri-Bomber nach Malle, dann fiel ich der Pilotin souverän und schweißbefleckt um den Hals.

Seitdem habe ich einen Höhenflug. Schemel, Leitern, Jägersitze – kein Problem. Ich war 600 Meter oben in der Luft! Aufgewachsen im Norikus, bin ich jetzt ein Luftikus. Wer es auch mal ausprobieren möchte, kann sich übrigens gern beim Segelclub melden, Mitglieder und Ausprobierer sind herzlich willkommen.

Ich warte mal, was bei mir so kommt. Hoffentlich keine Einladung zum Fallschirmspringen. Am Ende sag ich da noch zu!

CAT-ATTACK

Es gibt zwei Arten von Katzen. Die einen, die kuschelig und putzig aussehen und so grundentspannt sind wie Omas Fernsehsessel-Hocker. Manchmal nehmen sie auch dessen Form an. Meine Mieze Joker gehörte zu dieser Fraktion. Und dann gibt es die anderen: Sie sehen kuschelig und putzig aus, haben aber einen Springteufel in sich. Unbedarft streichelt man ihnen über das Köpfchen. Beim ersten, zweiten und dritten Streichler schnurren sie wohlig, beim vierten plötzlich: fauchbeißkrall. Au!, schreckt man zurück. „Streichle mich nie öfter als drei Mal, du Menschendepp", scheinen sie einem zu sagen. Natürlich ist es nie die Schuld der Katze. Sondern immer die des Menschen. Altes Universums-Gesetz.

Mit einem Springteufel-Exemplar hatte es neulich eine Freundin von mir zu tun. Die Freundin, bei der ich erst kürzlich eine Katzenbuch-Lesung gehalten hatte. Zu der wollte der schöne Maine-Coon-Kater aus der Nachbarschaft nicht kommen. Stattdessen erschien er zwei Wochen später am bodentiefen Fenster ihres Friseursalons. Miau. Eine halbe Stunde lang versuchte er, das Fenster via Hypnose zu öffnen. Die Freundin schickte mir ein Handyfoto. Putzig schaute er darauf mit unschuldigem Silberblick drein. „Goldig!", schrieb ich zurück. Zwei Minuten später bekam ich ein neues Foto: darauf ein Handgelenk, aus dem Blut quoll.

Um Gottes willen, was war passiert?! Ich rief die Freundin an. Ihre Ansicht über Katzen hatte sich in den letzten zwei Minuten stark verändert. „Der Depp", jaulte sie. „Nie wieder lasse ich mich auf Katzen ein!" Um dem Kater seinen Wunsch zu erfüllen, hatte sie das Fenster geöffnet. Nach Katzenart trat er aber nicht ein, sondern blieb vor der offenen Tür zögernd stehen, als ob dahinter der freie Fall aus einem Flugzeug warten würde. Um seiner Entscheidungsfreude auf die Sprünge zu helfen, beging die Freundin den Katzen-

82

kapitalfehler: Sie griff der fremden Mieze unter den Bauch. Patsch, holte der Kater aus und jagte ihr zur Begrüßung eine Kralle ins Handgelenk. Genauer gesagt, direkt in die Vene. Woraufhin das Blut in einer Fontäne nach oben spritzte wie in Comics bei einem spontanen Erdölfund.

Auch der Arzt, der der Freundin eine Tetanus-Impfung verpasste, war beeindruckt von der Treffsicherheit des Katers. So mancher Krankenpfleger und manche Ärztin mussten dafür lange üben. Der Kater hatte es drauf. Bämm. Seine Nachbehandlung war allerdings mangelhaft. Vom Geschrei erschreckt, sprang er davon. „Einen Druckverband hätte er zumindest machen können!", beschwerte sich die Freundin. Stattdessen Unfallflucht. Sie erwartet jetzt eine Entschuldigung von ihm. Zum Haupteingang hereinzukommen, mit einer Blume im Maul – den Arsch müsse er in der Hose haben, findet sie. Ein Strauß Mäuse wäre auch okay.

Ich habe so meine Zweifel daran. Nach Katzenart wird ER eine Entschuldigung erwarten. Für seine Aufregung. Oder weil er zu lange auf einen Termin zum Krallenschneiden warten musste. Angesichts des Fachkräftemangels wird er aber schon heimlich gehandelt. Als Sprechstundenhilfe mit Spezialisierung auf Blutabnahme. „Frau Meier, bitte in Zimmer 2. Obacht, es könnte sehr schnell gehen …" Die Freundin könnte ihn auch gut gebrauchen. Belege lochen, Rechnungsabschnitte perforieren, Cat-Eyes schminken. Ich wiederum wollte ihn als Schreibkraft einstellen: Abre se kapplt nihct!

BOMMBOMMS IN SAMBERELL

Mein Theaterprofessor an der Uni bemängelte einst, dass ich nur einsprachig aufgewachsen bin. Nur mit Fränkisch, ohne Hochdeutsch als Fremdsprache. Ich habe es ihm lange geglaubt. Es stimmt aber gar nicht, ist mir neulich aufgegangen. Denn in Wahrheit bin ich mit vielen französischen Wörtern aufgewachsen. Ich konnte sie nur nicht als solche erkennen. Weil mein Vater sie, wie sämtliche Franken seiner Generation, so eingefränkelt hat, dass sie von einem echten fränkischen Wort nicht mehr zu unterscheiden waren. Niemals zückte mein Vater einen Geldbeutel, sondern immer sein „Boddmonnee". In der Schule fiel ich später fast vom Hocker, als ich erkannte, dass sich das Ding tatsächlich Portemonnaie schrieb. Da muss man erst mal draufkommen.

Einen Gehsteig hat mein Vater auch nie benutzt. Er war immer auf dem „Droddoar" unterwegs. Ich brauche nicht zu sagen, dass mich auch hier die tatsächliche Schreibweise überrascht hat. Gelaufen wurde dabei natürlich nicht *auf dem* Trottoir, sondern *am* „Droddoar". Denn auch Präpositionen benutzen Franken gerne anders, als die Grammatik es kleinlich vorschreibt.

Schöner ist eigentlich nur eines: der „Bodschamber". Den französischen Nachttopf „Pot de chambre" so ins Fränkische zu integrieren, das ist eine große Waffelleistung! Einen Nachttopf hatten wir zwar nicht, aber mein Vater verwendete den Begriff für sämtliche eimerhaften Gefäße. „Dou amol den Bodschamber her!" Voilà.

Er fränkelte übrigens auch schon englische Worte erfolgreich ein. Statt Pullover zog mein Vater sich gerne „Bulluber" über den Kopf. Dass ich mich bei dieser Spacherziehung als Kind halbwegs in der Außenwelt verständlich machen konnte, ist eigentlich ein Wunder. Recht gestreng hielt es mein Vater mit etwaigen Techtelmechteln, die ich gar nicht vorhatte, mein Vater aber fürchtete. „Wehe, ich derwisch dich beim Bussieren!", drohte er. Bussi, so weit war mir die Sache klar.

Dass auch hier das Poussieren dahinter steckte, mon dieu, wer kommt auf so was? Zum Glück wollte ich in dem Alter sowieso lieber nicht bei „Rondewuus" mitmachen. Die zu der Zeit natürlich schon Dates hießen.

Nur einer kam an meinen Vater sprachlich heran. Unser Volontärsvater bei der Ausbildung hier in der Zeitung, Gott hab ihn selig. Der warnte uns eindringlich davor, zu viele fremdsprachige Begriffe beim Schreiben zu verwenden. Und demonstrierte uns an einem Beispiel, wie es doch auch anders geht. „Wenn man zum Karstadt geht oder zum Kaufhof und da steht dann ‚Basement', des is doch furchtbar!" Wir nickten brav und erwarteten gespannt seine nicht-fremdländische Alternative. „Da sachd ma halt Diefbadderr!" Tief-Parterre. Deutscher ging's ja kaum. Aber immerhin war es kein Anglizismus. Wir schrieben es uns hinter die Ohren.

Als „Samberell" ist wiederum ein Ausflugsziel bei Bayreuth bekannt. Auch hier leistet die fränkische Zunge ganze Arbeit. „Sanspareil" ist aber auch eine Zumutung. Genau wie das Bonbon. In Franken der „Bommbomm". Versuche ich, es leicht nasal französisch auszusprechen, fühle ich mich, als hätte ich einen Vogel. Möchtest du ein „Bô Bô"? Also bitte, das bring ich nicht übers Herz. Ich ess Bommbomms – in Schlammberei!

SPAZIERSTEHER UND AGGRO-WALKER

Na, wie läuft's? Die Frage kann gerade fast jeder mit „läuft!" beantworten. Denn das ist, was wir tun seit einem Jahr. Wir laufen. Weil sonst ja nix läuft. Haha, Kalauer Ende. „Ich geh ja echt gerne spazieren", meinte neulich eine Freundin. „Aber irgendwie reicht's mir jetzt damit." Ich weiß, was sie meint. Durch die Ausgangsbeschränkungen kenne ich bald jeden Grashalm im Stadtpark, die Gänse und Enten grüßen mich schon. Aber mir gefällt's immer noch. Weil man dort eine Spezies sehen kann, mit der man nicht mehr viel in Kontakt kommt: Menschen.

Aufgrund intensiver Recherchen lässt sich eine Typologie der Spaziergänger erstellen. Voilà!

Die Park-Hipster: Tauchen meistens zu zweit auf, oft in Gestalt von jüngeren Frauen. Zu erkennen am übergroßen Mantel, Mütze und Kaffee-Becher in der Hand. Die Park-Hipster wurden aus ihrem natürlichen Habitat, dem Café im Berliner Stil, vertrieben und stiefeln jetzt um den Weiher. Um sich besser zu fühlen, nennen sie es Wellness-Walking oder irgendwas mit Detox.

Der Aggro-Walker: Er läuft alleine, weil Mitläufer ihn nur aufhalten. Er haxt so schnell voran, dass die Krokusse am Wegesrand erzittern und die Magnolienknospen sich ängstlich zurückziehen. Hier kommt Johnny, the Walker. Sein Motor ist negative Energie! Mit einem Anschub düsterer Gedanken umrundet er den Park in 15 Minuten dreimal. Das ist etwa zehnmal so schnell wie der …

Spaziersteher: Kommt immer zu zweit vor, oft in Gestalt älterer Damen. Bei jedem neuen Gedanken halten die Spaziersteher inne. Laufen, Denken und Sprechen trennt diese Spezies feinsäuberlich. Auf diese Weise brauchen sie für eine Umrundung des Stadtparks bis zu drei Stunden. Es sei denn, sie werden vom Luftzug eines Aggro-Walkers mitgerissen und um hundert

Meter weiter nach vorne versetzt. Dort stehen sie dann und müssen über diesen Vorgang erst einmal laut nachdenken. „Wos woar des? Also, glabbstas naa!"

Artverwandt sind sie mit den Bankern: Die Banker sind oft ältere Herren mit ausgeprägtem Sitzfleisch. Sie lassen den Stadtparklauf an sich vorüberziehen und kommentieren vom Bänkchen aus das Geschehen wie die zwei Alten in der Muppet-Show. Meistens sind sie aber in eigene Gespräche vertieft. Über den Club, Corona oder Weltfrieden. Sie hätten die Lösungen zu allem parat. Leider weiß das in Deutschland niemand.

Die Turteltauben: Weil alle Restaurants geschlossen haben, müssen sie sich zum Rendezvous im Park treffen. Man erkennt sie an grundlosem Gekichere, die Augen fest aufeinander gerichtet. Sie könnten auch um den Plärrer laufen oder durchs Industriegebiet oder über den Mars – völlig egal, sie nehmen ihre Umwelt sowieso nicht wahr. Wenn es zu voll wird, kann man sie problemlos verschieben.

Die Kinderwagen-Schubser: ähnlich wie die Flugbegleiter, die despektierlich „Saftschubser" genannt werden. Sie fragen ihre im Wagen sitzenden Kindergäste freundlich, ob sie Getränke oder Snacks wünschen. Ihr Service wird oft mit Geschrei belohnt und das Dargereichte mit einer Mimik größter Missbilligung ausgespotzt. Um sich davon abzulenken, hängen die Kinderwagen-Schubser oft am Telefon, um ihr Leid zu klagen.

Zuletzt noch die Fotografen: Früher fotografierten sie im Frühling die Blütenpracht. Jetzt fotografiert jeder alles, egal ob mit der Kamera oder dem Handy. Das Voranschreiten der Blütenentwicklung jedes einzelnen Krokusses ist lückenlos dokumentiert. Sollte es je zu einer Grashalm-Großfahndung kommen, kein Problem, genug Fotomaterial ist vorhanden. In Ermangelung von Reisebildern werden in den sozialen Medien jetzt regionale Naturbilder präsentiert. Die Magnolie im Stadtpark ist das neue Meer-Strand-Palmen-Foto! So, ich muss jetzt auch dringend los. Auf die Bank. Die Gänse warten schon auf mich.

ZWETSCHGERMOS GEBEINE

Damit keine Langeweile aufkommt, hat das Leben immer wieder gute Ideen. Gerade wollte ich mich ächzend auf dem Sofa zurücklehnen, als mein Telefon klingelte. Am Apparat die Vermieterin, die einen prima Wochenend-Ausflugstipp für mich hatte: eine Reise in meinen Keller. „Da war ich doch erst, was soll ich da schon wieder!", jammerte es in mir. Nachdem ich neulich mit Schaufelbaggerhänden drei Autofuhren voll ausgemistet hatte, mussten die Restbestände jetzt in ein anderes Kellerabteil umgelagert werden, damit meines saniert werden konnte. Angesichts der Lochgefängnishaftigkeit des Untergeschosses auch keine sooo schlechte Idee. Aber jetzt gleich?

Zwei unerschrockene Freundinnen sagten ihre Hilfe zu. Gemeinsam stürzten wir uns in die

Spinnweben. Dank der neuen Lichtanlage konnte man das Kellerabteil in seiner morbiden Pracht zum ersten Mal allumfassend erkennen: Unverputzte Mauersteine sorgten für einen angesagten loftigen Charakter des Raumes, links peppte ein flauschiger Schimmelbezug Teile der Wand auf.

Passend zum unterirdischen Schick war auch mein eingelagertes Sammelsurium. Bilderbücher, Skistiefel aus den 90ern, Ostereier aus den 80ern oder auch ein verblichener Perückenkopf – noch aus den Friseuranfangszeiten meines Vaters.

Hustend pustete eine Freundin die Gebeine eines Zwetschgenmännla-Paares frei. Mit fragendem Blick hielt sie mir die zu Menschen aufgespießten Dörrpflaumen unter die Nase. „Die können weg, oder?" Ich stieß einen empörten Schrei aus und legte ihr dar, dass Zwetschgenmännla auch im Neuzustand nicht besser aussehen. Und demzufolge gar nicht altern konnten. Und demzufolge natürlich in meinem Keller zu verbleiben hatten.

Bis zur Wiedereröffnung meines Kellers in 30 oder 50 Jahren. Genau wie beim Sebalder Grab. In das wird rituell seit Jahrhunderten auch in diesem zeitlichen Rhythmus hineingeschaut.

Vor Kurzem zum ersten Mal mit Zuschauern. Wie bei mir! Bislang habe ich die Öffnung meines Kellergrabes auch nur alleine unternommen. Nun hatte ich zur Visitation zwei Freundinnen mitgenommen. Okay, beim Sebaldusgrab kamen ein paar Zuschauer mehr, inklusive politischer Prominenz. Aber die könnte ich in meinem Keller auch wirklich nicht gebrauchen. Es sei denn, als Stützpfosten. Und mein Keller wird in Wahrheit auch nicht saniert, sondern restauriert. Vor allem die darin befindlichen Reliquien. Der Zwetschgermo bekommt einen neuen Anstrich im Gesicht, die Locken auf dem Frisurenkopf werden frisch gewickelt. Alles historisch korrekt natürlich, ohne Modernisierungen. Wenn alle gesehen haben, dass alles noch da ist, wird die Visitation beendet.

Dieses Wochenende kommt wieder Leben in die Gebeine: Denn ich bugsiere sie in mein saniertes Lochgefängnis zurück. Diesmal unter Ausschluss der Öffentlichkeit. Der Zwetschgermo bekommt sonst noch einen Höhenflug. Er hat sich schon aus einer kaputten Eierschale eine Krone gebastelt. In 30 Jahren mache ich wieder auf. Ich gebe rechtzeitig Bescheid!

MISTER MINI UND DIE
HUNDE-FLÜSTERIN

Als Katzenmensch einen Hund zu hüten, ist eine irritierende Sache. Im Gegensatz zur Katze nimmt der Hund Anteil am Leben des Zweibeiners. Und zwar nicht nur, wenn Dosen geöffnet werden. Dort, wo die Mieze sich gähnend abwendet, wedelt der Hund mit dem Schwanz. „Hallo Mensch, du bist vom Klo zurück, toll!", begrüßt er einen. Begeisterung hat eine Schnauze. Damit muss man erst mal zurechtkommen. Der Nachteil am Modell Hund als Haustier: Es muss Gassi gegangen werden. Im Fall meines Leihhundes Pauli direkt, im Sinne von sofort, nach der Nahrungsaufnahme. Der Weg des Verdauungstraktes ist bei dem Chihuahua-Yorki-Mix recht kurz. Hinein ist gleich hinaus.

Weil es eine Fehlplanung im Ferienwohnungsbereich seiner Besitzer gab, wurde mir für zwei Tage der größte Hund der Welt anvertraut: Mister Mini, eine trippelnde weiße Feder. Aber auch wenn ein Fön das Tier ohne Probleme wegpusten könnte, entwickelte es beim Gassigehen ungeahnte Kräfte. Mitten auf dem Weg haute Mister Mini die Mini-Bremsen hinein. Aus nichttriftigen Gründen. Jedenfalls konnten Menschen sie nicht wahrnehmen. „Hopp!", versuchte ich die Feder weiterzuziehen – keine Chance. Es fühlte sich an, als ob ich einen bockenden Esel an der Leine hätte. Im Gegensatz zu einem Esel gab es bei Mister Mini aber einen Vorteil. Man konnte ihn hochheben und wegtragen. Einhändig.

Seiner Körpergröße entgegengesetzt litt Mister Mini an Größenwahn. Und knurrte nicht nur breitschultrige Tattoo-Männer an, sondern auch Schäferhunde. Ich denke, er hat es nur meiner Reaktionsfähigkeit zu verdanken, dass er nicht gefressen wurde. Was mir ein Anliegen war. Schließlich wollte ich nicht, dass es zu dieser Szene bei der Abholung kam: „Und, wo ist der Hund?" – „Äh, also hier ist erst mal die Leine. Und dann muss ich euch etwas sagen …"

Nein, ich hätte mich natürlich jederzeit vor, über – okay, unter war schwer möglich – das Hündlein geworfen. Das erstaunliche Beschützerinstinkte in mir weckte. Am Ende war ich fast so weit, andere Hunde anzuknurren.

Wie viele Menschen einen Hund haben, fällt einem übrigens erst als Hundebesitzer auf. Vor allem als Besitzer eines nervösen Hundes. Mister Mini schärfte meinen Fernblick. Um nervenaufreibenden Zusammentreffen zu entgehen, hielt ich Ausschau nach anderen Schwanzwedlern. Mittlerweile erkenne ich Hunde auf einen Kilometer Entfernung. Auch Zwergpinscher! Denn auch die konnten ihn in Rage bringen. Es ist nicht die Größe, die zählt. Der Spruch bewahrheitet sich beim Gassigehen.

Schreckensgeweiteten Auges sah ich einen Schäferhund auf uns zutraben. Ich war bereit, Mister Mini im absoluten Notfall wie einen Federball in die Büsche zu werfen. Für irgendetwas musste die Drei in Sport ja gut gewesen sein. Glücklicherweise kam es nicht dazu, weil sich der Schäfer als gutmütig tapsendes Baby herausstellte. Uff. Beziehungsweise Wuff.

Manch harmlos erscheinendes Exemplar, Typ Sofakissen, entpuppte sich dagegen als Springteufel. Entgegen der Beteuerung des Herrchens: „Der dudd nix, der will bloß …" Hier gab es nur eine Lösung: schnell weg!

Von den Aufregungen des Ausgangs ermattet, sanken Mister Mini und ich zuhause in die Kissen. Dort liegt er seitdem wie ein Deko-Objekt. Ich denke, ich bin die echte Hunde-Sitterin. Ich bringe den Hunden das Sitzen bei. Okay, das Liegen. Hunde-Chillerin, ist das ein Beruf? Ich verwandle Ihr nervöses Haustier in ein schnarchendes Sofakissen. Anfragen bitte an mich, Preis verhandelbar. Bezahlung in Knochen nicht möglich! Über Nassfutter können wir reden.

DIE WELPENTUSSI

Man hält sich manchmal noch für jung. Bis man mit wirklich jungen Menschen zusammentrifft. Ich hatte diese Woche Kontakt mit dieser Spezies. Zuerst traf ich einen 19-Jährigen. Der offenbar ein Upgrade, also eine verbesserte Version, bekommen hatte, was Gehirnzellenverbindungen und Sprechgeschwindigkeit betrifft. Er dachte und sprach ungefähr dreimal so schnell wie der Normalmensch. Bei den meisten seiner Themen kam ich noch mit. Ich weiß natürlich, was YouTube ist, bin selber bei Instagram, und ich weiß auch, dass TikTok nichts mit „Ein Tic Tac erfrischt deinen Atem zwei Stunden lang" zu tun hat. Sondern es ist eine Plattform im Internet, auf der sehr junge Menschen sehr kurze Filmchen hochladen, in denen sie am besten zu zweit Tänze aufführen.

Ich wähnte mich fast auf der sicheren Seite, was meinen eigenen Status von Modernität betrifft. Dann versetzte ich mir selbst den Todesstoß, indem ich nach dem Alter seiner Eltern fragte. Sie waren fünf Jahre älter als ich. Ich schnaufte durch und erkannte an, dass ich nicht mehr zur Jugend gehöre.

Ähnlich war es mir neulich schon im Gespräch mit einer jungen Kollegin gegangen. Gefühlt sind wir gleich alt. Wir lachen über dieselben Dinge und sprechen auch einigermaßen dieselbe Sprache. Dann erzählte ich ihr, dass eine Freundin von mir 40. Geburtstag feiert. „Uuuuh!", zuckte die Kollegin zusammen und machte ein beeindrucktes Gesicht. 40! Voll krass. Sie sprach es nicht aus, aber ich konnte es auf ihrer faltenfreien Stirn lesen. „Äh, 40-Jährige, das sind die jüngeren Menschen in meinem Freundeskreis", erklärte ich ihr. Seitdem ist klar, dass wir eventuell doch nicht gleich alt sind.

Den Rest gab mir dann am Ende der Woche eine Zwölfjährige. Eine Mischung aus Bambi und der englischen Meghan Markle. Ein Hybrid aus Kind und Fashion-Lady. Ein Hundewelpe in Gestalt einer Tussi. Oder vielleicht auch umgekehrt.

Eine Tussi gefangen im Körper eines Hundewelpen. Ein irrer Mix auf alle Fälle, der mich sehr beeindruckte.

„O meine Güte", sprach die Welpen-Tussi und strahlte verzückt ins Handy. „Ich habe das erste Like bei Loredana!" Sie hob die Hände auf dramatische Art in die Höhe. Wir Erwachsenen schauten sie ratlos an. Wer oder was war Loredana? „Loredaaana, o mein Gott, ihr müsst doch Loredana kennen!", schüttelte sie den Kopf, so dass ihre geglätteten Haare nach hinten flogen. „Na und?", entgegnete ihre Mutter. „Du weißt doch auch nicht, wer Roland Kaiser ist." „Hä? Wer?", schüttelte sie das Gegenargument ab wie eine lästige Schmeißfliege. Dann erklärte sie, wer Loredana ist. Eine weltbekannte Webberin. Jemand, der viel im Web, also im Internet, unterwegs ist, vermutete ich. Doch ich hatte mich nur verhört. „Webberin??!!" Die kleine Welpen-Tussi schüttelte sich vor Lachen so arg, dass ihre Haare drohten, in Unordnung zu geraten. „Rapperin!" Offenbar hatte Oma Röggl es auch schon an den Ohren.

„Okay, und die hat dich geliked oder was?", setzten wir nach. Die Welpen-Tussi machte ein

Gesicht, das ausdrückte, dass sie uns nun als komplett geisteskrank einstufte. Übertragen auf unsere Generation hatten wir gefragt, ob Madonna von IHR ein Autogramm wollte. (Noch Ältere setzen statt Madonna bitte Elvis ein.) „Neeeein, natürlich hat nicht sie MICH geliked, ich habe IHR das erste Like gegeben", erklärte sie dem Tal der Ahnungslosen. Okay, sie hat bei der weltbekannten Webberin Loredana als Allererste auf „Gefällt mir" geklickt.

Drei Sekunden, und ich übertreibe nicht, drei Sekunden später hatte besagte Loredana 7000 Likes. Eine Viertelstunde später waren es bereits 100 000. Alles klar? Die Frau ist weltberühmt. Suchen Sie sie mal im Internet. Dann sind Sie auch einigermaßen up to date.

Ich wiederum habe beschlossen, mir ein anderes Umfeld zu suchen. Das von meiner Tante und meinem Onkel zum Beispiel. Bei seinem 85. neulich war ich nach dem Karpfen die Jüngste. Möchte mich vielleicht jemand zum 90. einladen? Ich bring auch Loredana mit. Und Eierlikörkoung.

WOLLE GUT, ALLES GUT

Um 21 Uhr müssen wir seit Neuestem „wech von der Straß" sein. Das ist eigentlich ein uraltes ungeschriebenes fränkisches Erziehungsgesetz. Denn wer „wech von der Straß" ist, der kommt nicht auf blöde Gedanken. Wir Menschen jammern, aber wer denkt eigentlich an die Motten? Ich habe sie in meinem Kleiderschrank belauscht.

„Horch, Margodd", hörte ich Motte Gerda sagen. „Ich hob a Frooch zu dem Loggsdown."
„Loggdown. Was hast scho widder net kabbiert?", antwortete Motte Margot seufzend.
Gerda: „Ja, du reddst di leicht! Du hoggst ja midden in die Wollsoggn. Dou kannst fressen bis zum Umfallen. Aber iech, iech hogg ja in der Underwäsch …"

Margot: „Ja, und? Dir gfällt's doch dort, hast immer gsachd. Dessous und Seide …"

Gerda: „Seide?! Ja, von wegen. Dou gitz vielleicht an einzichen Satengfetzen, der Rest ist Nylon und Baumwolln mit ausgleierte Gummizüch. Däi lieng mer immer so schwer im Moong."

Margot: „Du hast doch immer oogehm damit, dass du in die Neglischees hoggst."

Gerda: „Vielleicht hobbi dou a weng überdriem. Von denner Stofffetzler werst ja net sadd!"

Margot: „Dann kummst halt amol zu mir runder. Ich lod dich ei auf a halbe Wollsoggen."

Gerda: „Obber derf mer des etzadla no?"

Margot: „Fraali! Ummer neuner mousst halt widder in dei eichne Schubloden zurückfläing."

Gerda: „Allmächd ja. Soch amol, bist du aa immer so mäid?"

Margot: „Fraali. Für uns is des ja aa besonders schwer."

Gerda: „Merk ich aa, aber warum eichendlich?"

Margot: „Wall mir nachdaggdiv sin! Ich hab mich neilich amol ins Lexikon neigfressen. Dou hat's des kassn."

Gerda: „Ach deshalb zäichd's mir middogs immer die Aung zou."

Margot: „Genau, des is ganz normol. Aber däi Ausgangsschberre gilt halt für alle. Des mou etzerdla so sei. Modden oder Weihnachten, des is dem Virus woschd."

Gerda: „Stimmt. Auch wenn mir a Familienland sin, wäi der Marguss gsachd had."

Margot: „Ja fraali, des sixt ja scho an uns. Ohne die Soggn vo der Röggl ihrer Danda wärn mir aafgschmissn. Geht nix über Familie! Ihre Freind kenner ja nimmer stricken."

Gerda: „Genau. Obber wos is, wenn der Danda etz die Wolln ausgeht?! Und die Gschäfte im Loggsdown sin?"

Margot: „Harch, däi hat doch genuch auf Lager. Außerdem gibt's im Schrank an Kaschmir-Schal. A modzdrümmer Ding. Des reicht uns no zwaa Joahr."

Gerda: „Obber dann derschlächd uns die Röggl vielleicht …"

Margot: „Ach geh zou, des merkt däi doch goar net. Däi wass doch goar nimmer, was in ihrem Gwerch alles rumliechd."

Gerda: „Obacht, etz geht die Schrankdür aaf!"

Die Schrankbesitzerin legt einen Pappstreifen mit Motten-Kleber in die Socken-Schublade.

Margot: „An Moddn-Dod hat's uns nei-gleechd. Bio!"

Gerda: „Allmächd naa! Bass fei bloß auf deine Flüchel aaf …"

Margot: „Na fraali. Ich sooch dir anz: Mir fläing etz hoch zur Berdda in die Beddwäsch und wardden, bis der Kleber nimmer bibbd."

Rufen von oben dann unisono:

„Röggl, mir genger dir net aufn Leim! Dou mousst scho fräiher aufsteh. Und des schaffsd ja net. Wall du aa nachdaggdiv bist!"

ADEBAR ATLÉTICO

Fast hätte ich diese Kolumne am Stehpult schreiben müssen. Oder im Liegen. Denn ob ich es schaffe, meine Beine so abzuwinkeln, dass ich auf einem Stuhl Platz nehmen kann, war nicht ganz klar. Ich habe etwas Unerhörtes gemacht: Sport. Und zwar aktiv! Wie genau es dazu kam, weiß ich nicht mehr. Am Ende stand ich in Joggingklamotten auf meiner Wahnsinns-Rennstrecke: dem Stadtpark. Die beste Laufstrecke, weil es hier keine echten Jogger gibt, sondern nur solche wie mich. Denn echte Jogger müssten den Park ungefähr zehnmal umrunden. Ich war stolz, ihn einmal zu umrunden. Nach eineinhalb Jahren! Also Pause, nicht Laufzeit. Begeistert von mir selbst drehte ich noch eine halbe Runde. Tomatenrot pulsierte ich nach Hause, um verschwitzt und glücklich wie Udo Jürgens nach der letzten Zugabe im Frotteebademantel auszuschwitzen. Stadtpark, yes I can!

Treppen konnte ich dafür nicht mehr, stellte ich am nächsten Tag fest. Wie eine junge Göttin wollte ich die Stufen hinabhüpfen. Schon die erste Stufe machte mir klar: Es wird eher Captain Ahab. Statt gottgleich hinkte ich wie der Holzbeinige die Stufen hinunter. Mich am Geländer entlanghangelnd wie an einer Reling bei starkem Seegang. Selbst Moby Dick an Land hätte einen eleganteren Eindruck gemacht.

In der Redaktion stakste ich durchs Treppenhaus wie ein Storch. Angefeuert von den Kollegen. „Was hast du denn gemacht?" „Ich war joggen." „Halber Marathon, wie's scheint …" „Eineinhalb Runden Stadtpark." „Hahahahaha!" Schön, wenn man verstanden wird.

Muskelkater, in welchem Jahrzehnt hatte ich ihn zuletzt? Waren es noch die 90er?

Den schlimmsten Muskelkater meines Lebens hatte mir Heidi Klums Trainer David Kirsch verpasst. Der trainierte einst einige VIP-Kundinnen in Nürnberg. Ein Fall für Röggl, dachten sich die pfiffigen Kollegen und schickten mich ins

Trainingslager von Meister Proper. Seit diesem Workout weiß ich, dass Squat kein fahrbarer Untersatz ist, sondern hundsgemeine Kniebeugen. Und dass sich Kloschüsseln skandalös weit unten befinden. Welcher Depp baut die so tief?!

Derselbe, der auch die Bürostuhlhöhe einstellt, vermutlich. Ich habe ihn auf Höchststufe gehebelt. Jägersitz lässt grüßen. Nur die Tastatur ist unheimlich weit weg jetzt. Eventuell brauche ich Arm-Extensions.

Jetzt, wo ich mal sitze, stehe ich so schnell nicht wieder auf. Ich hoffe aber, dass mich ein Kollege zum Wochenende rausschiebt. Oder wenigstens in die Teeküche. Da warte ich, bis in meinem Haus ein Treppenlift eingebaut ist. Auf dem schwebe ich dann die Stufen hoch und runter, würdevoll wie die Queen. Ach ja, und Joggen hätte ich auch erledigt. Für dieses Jahrzehnt.

LÖMA-PARTY IM LAND
DER KURZ-ZWERGE

Neulich habe ich an einer Party teilgenommen, ich bin immer noch total fertig. Es könnte eventuell daran liegen, dass der Gastgeber ein wenig jünger war als ich. 38 Jahre jünger, um genau zu sein. Er wurde nämlich sechs. Eine gewichtige Zahl, wie er seiner Mutter und mir klarmachte, als wir ihn zu den Feierlichkeiten von seinem Arbeitsplatz Kindergarten abholten. Um entspannt feiern zu können, hatte er die Eventplanung inklusive Catering outgesourct an das Allround-Logistikunternehmen M.A.M.A. Von dem ich wiederum in subunternehmerischer Art und Weise kurzfristig eingestellt wurde. Arbeitsbereiche Erdbeerkuchen-Beschaffung und Mit-Betreuung von laufender Meterware.

Kein Problem, in puncto Kinder-Feierlich-keiten hatte ich schließlich große Expertise. Ich war ja selber mal eines, oder? Die Topattraktionen meiner Geburtstage waren Topfschlagen, bei dem aus Versehen manchmal die Gäste verdroschen wurden, Schokokuss-Wettessen und Verstecken. Es gab Aufkleber zu gewinnen und Filzstifte, die riechen (mein liebster roch, warum auch immer, nach Glühwein!) oder mit Glitzer. Okay, es war ein Mädchen-Geburtstag.

Der amtierende Gastgeber hatte andere Schwerpunkte, wie er mir auf der Hinfahrt klarmachte. „Hast du schon mein Kurzswee gesehen?", erkundigte er sich. „Dein Kunstwerk?" „Nein! Kurzsweee!" „Ah …" Ich grübelte, was ein Kurz-Zwerg sein sollte, Zwerge waren ja per se schon recht kurz. Dann schallte es von hinten: „Mein Kurzsweeeee, von den Lööööman, Maaannn!"

Wie war diese Patentante nur schwer von Begriff. Ich entschuldigte mich bei ihm und erklärte, dass „Kurzschwerter" nicht mein Fachgebiet waren. Seines schon, dank Asterix. Beziehungsweise Astelix. Für mich behielt ich, dass die asiatische Aussprache des Buchstabens R zum Verständnis eben auch nicht förderlich ist. Römer, jetzt wusste ich Bescheid.

Die Tafel im Garten, es handelte sich um ein Outdoor-Event, hatte die Catering-Firma M.A.M.A. im angesagten Motto „Dinosaurier" geschmückt. Sie hingen aus Bäumen, verschandelten Tischdecke, Becher und Servietten. Früher hatte man Großeltern dafür, aber die sehen heutzutage so jugendlich aus, dass sie als Dinos nicht zu gebrauchen sind.

Topfschlagen gibt es immer noch, jetzt aber in der mexikanisch-spanischen Variante, genannt Piñata. Ein Kindergeburtstag ohne güldet nicht! Es handelt sich dabei um ein buntes Pappmaché-Getier, zum Bersten mit Süßwaren gefüllt, das von der Decke oder einem Baum baumelt, und mittels eines Stockes zum Platzen gebracht werden muss, auf dass es Bonbons regnet.

Die Halblinge droschen mit Begeisterung und beängstigenden Kräften auf das Papier-Tier ein. Das verlor die aufgepappten Augen und auch mehrere Beine, aber der Bonbon-Bauch blieb fest verschlossen wie Alcatraz. Offensichtlich handelte es sich um eine Piñata de Beton. Nach einer halben Stunde übernahmen M.A.M.A. und ich die Schlägerei. Mit zunehmend authentischer Wut gaben wir der Piñata Saures. Es flogen viele Schweißtropfen aus uns, bis das Ding endlich Süßes herausrückte. „Ich glaube, man hätte vielleicht einfach unten ziehen müssen", merkte eine Gast-Mutter an. Diese Frau wird nicht mehr eingeladen.

Ermattet sank ich in die Loungemöbel. Jetzt war es Zeit für Häppchen und gepflegten Smalltalk. „Pipikakapuh!", lächelte mich der dreijährige Bruder des Gastgebers an. Ich hatte schon uninteressantere Beiträge beim Smalltalk gehört. Dass er keine Hose unter dem Cape trug, rundete die Sache ab. Das Herz einer ebenso alten Blondine hatte er damit schon gewonnen. Sie kicherte begeistert. Das Unternehmen M.A.M.A. rollte drohend mit den Augen.

Danach war es höchste Zeit, das „Kurzswee" in Aktion zu bringen. Ich weiß seitdem, wie sich die Löma gefühlt haben müssen. Fertig, einfach nur fertig! Fachmännisch wich ich den Schwerthieben des Gastgebers aus, unsere Holzschwerter klackten professionell aneinander. Seitdem überlege ich ernsthaft, ob in mir ein verborgenes Fechttalent schlummert.

Die Fotos, die mir von M.A.M.A. später zugesandt werden sollten, erinnerten allerdings weniger an leichtfüßiges Fechten, sondern eher schwerfällig an den Kampf von David gegen Goliath.

Nachdem ich dann noch kurz in ein Kinderhäuschen gesperrt worden war, rasenden Kleinfahrzeugen ausgewichen war und mich vor spontanen Sandwürfen weggeduckt hatte, durfte ich aus der Party auschecken. Niedergestreckt auf dem Sofa fühlte ich mich zuhause wie der Letzte der Gladiatoren. Im November habe ich Geburtstag. Mir kommen da ein paar Ideen …

„KNOBI", DER DUFT,
DER ALLE PROVOZIERT

Sie werden ständig von Menschen umlagert, jeder will etwas und möchte mit Ihnen sprechen? Alles wird Ihnen zu viel und Sie sehnen sich nach Ruhe, Einsamkeit und Isolation? Da habe ich einen wunderbaren Tipp. Einfach mal schön beim Spanier essen gehen und dort Aioli in großzügigen Mengen aufnehmen. Dazu sämtliche Tapas ordern, die in schwimmendem Knoblauchöl an den Tisch gebracht werden.

Am nächsten Tag teilt sich die Menschenmenge vor Ihnen wie vor Moses das Rote Meer. Dank „Knobi", Ihrem neuen Parfüm, das Sie mit einer Aura umschmeichelt, die der Biomülltonne in nichts nachsteht. Ein Duft, der nicht nur Frauen provoziert. Sondern auch Männer, Kinder,

Omas, Opas, Hunde und Katzen. Kurz, der Ihnen die gesamte Umwelt vom Hals hält.

„Knobi" garantiert Ihnen einen Einzelplatz in Bus und Bahn. Endlich kein lästiges Gedränge mehr. Auch am Mittagstisch in der Kantine lässt man Sie in Ruhe. Genießen Sie alleine an einem Achtertisch Ihr Menü, ohne von den Ellbogen der Kollegen belästigt zu werden.

Schreibtisch-Täter, die sich schon lange nach einem eigenen Büro gesehnt haben, kommen ihrem Traum näher. Kaum treten Sie zur Tür hinein, verlassen Ihre Kollegen fluchtartig den Raum. Genießen Sie die neue Privatsphäre, legen Sie die Beine auf den Tisch und imitieren Sie alle Chefpositionen, die Sie schon immer gerne einmal ausführen wollten. Es stört Sie garantiert niemand, denn Ihr Zimmer ist großräumiger abgesperrt als jeder Franken-Tatort.

Lernen Sie auch Ihre Beziehungen neu kennen: Wer ist ein echter Freund? Wer liebt Sie wirklich? Dank „Knobi" trennt sich die Spreu vom Weizen. Falsche Freunde, die mit zugehaltener Nase davonstürmen, können Sie von Ihrer Freundesliste streichen. Wer liebt, der bleibt.

Im Sportkurs kommen Sie in den Genuss von Einzel-Trainings, ohne dafür bezahlen zu müssen. Einfach den Raum betreten und ein langgezogenes „Hallooooo" schmettern, schon haben Sie den Trainer für sich ganz alleine.

Ich habe keine Kosten und Mühen gescheut, um die Wirkung von „Knobi" für Sie, liebe Leser, zu testen. Unwahr ist, dass ich diese Kolumne zum Fenster hinaushängend verfassen muss. Wahr ist, dass die Kollegin, die mir gegenübersitzt, alle zwei Minuten ihren Kopf aus dem Fenster hängt. Ich denke, sie hisst eine „SOS"-Flagge. Zur Mittagszeit haben mich die anderen Kollegen heute vergessen zu fragen, ob ich mit in die Kantine komme. Schade: Es gibt Gyros und Tsatsiki. Ich hol mir später eine große Portion.

DAS GROSSE SCHLITZEN

Es gibt schöne vorweihnachtliche Traditionen: Adventskranz binden, Adventskalender basteln oder die Wohnung mit Weihnachtsmännern und glitzerndem Bling-Bling dekorieren. Bei mir findet alljährlich dagegen immer ein weniger schönes Ritual statt: das große Schlitzen. Alle Jahre wieder stelle ich Ende November fest, dass sich das Jahr schon dem Ende zuneigt. Und wir zwar noch nicht Weihnachten haben – aber Steuer. Wie immer habe ich auch dieses Jahr die Anrufe der Steuerberaterin bereits im Juni (!) gekonnt ignoriert. Und den Optimismus der Frau vermutlich für immer zerstört. „Dieses Jahr bekommen wir's früher hin, ja?" Ähm, nein. Wieder nicht. Es tut mir leid. Auch für mich selbst. Anstatt wie jeder vernünftige Mensch sich regelmäßig um sein

Zeug zu kümmern, öffne ich zur Vorweihnachtszeit wieder die Post des ganzen Jahres. Okay, des halben Jahres. Dabei sei ausdrücklich betont: Liebe Kinder und Jugendliche, liebe junge Erwachsene und überhaupt alle, die in ihrem Leben etwas auf die Reihe bekommen möchten: Nehmt euch bitte kein Beispiel an mir. Nicht nachmachen! Diese Methode ist brandgefährlich und führt in den Untergang. In die Hölle mindestens. In der muss man erst mit nackten Sohlen über glühende Briefkästen gehen. Und dann ungeöffnete Briefe aus dem Fegefeuer angeln und einhändig öffnen. Zehn Steuerberater sitzen dabei um einen herum und lachen einen aus.

Also: Es ist keine gute Idee. Es sei denn, man ist staatlich geprüfte Chaostänzerin, so wie ich. Im Schimmer meines Vorweihnachts-Fernsehers schlitzte ich neulich nachts von 21 Uhr bis 2 Uhr Briefe auf. Lauter ödes Zeug. Am schönsten war ein Versicherungsschreiben, das folgenden Passus enthielt: „Was müssen Sie tun? Sie müssen nichts tun." Könnte sich nicht alles so schön von selbst erledigen?

Passend zur Jahreszeit war auch eine sehr liebe Weihnachtskarte dabei. Von 2018. Ich schrieb der Freundin sofort eine Nachricht auf dem Handy, um mich zu bedanken. Und höflichst zu entschuldigen. „Ein Jahr später?! Du bist echt der Knaller!", kam als Antwort zurück.

Was soll ich nur mit mir machen?

„Mach's halt wie ich", riet mir eine Kollegin. „Ich frag mich: Was ist das Blödeste, das ich machen muss? Und dann mach ich's." Hm. Bis zur ersten Hälfte ihres Tricks komme ich immer noch. Mich zu fragen, was das Blödeste ist. Aber dann lass ich es lieber sein. Denn ich mach einfach so ungern Blödes. Verrückt, oder?

An dieser Stelle grüße ich meine Steuerberaterin ganz herzlich. Liebe Gerda, es kommt! Ich schwöre. Aber jetzt muss ich erst mal das Blödeste machen, das ich dringend erledigen muss: einen Glühwein trinken gehen. Das ist so furchtbar. Ehrlich. Am besten fahr ich gleich auch noch 'ne Runde. In der Post(!)kutsche.

EIN DREIFACHES HOCH
AUFS EDZERDLA!

Wir Franken gelten mitunter als ruppig, positiv ausgedrückt, als direkt. Aussagen, die dem Gegenüber eventuell missfallen könnten, in abdämpfende Worte zu kleiden, ist nicht unser Ding. So zu sprechen, ist dem Franken suspekt. Einfühlsame Redeweisen sind für ihn „schöntun". Was so viel wie sich einschleimen bedeutet, für alle Nichtfranken übersetzt. „Geh weider", „schleich dich" oder „Naa!" – das sind die Ausdrucksformen des Franken, um sich Unliebsames vom Leib zu halten. „Horch!" die beste Methode, um sich Gehör zu verschaffen.

Das stimmt alles und ist in der Tat nicht von großer Geschmeidigkeit geprägt. Aber wir können auch anders. Ein wunderbares Wort gleicht die ganze unverstellte Derbheit der fränkischen Sprache wieder aus, das schöne Wörtchen „Edzerdla." Ein Wort, das auf der Zunge hüpft und gute Laune verbreitet. Es hat mehrere Verwendungszwecke. Oft fällt es, wenn etwas gelungen vollendet ist. Ist der Nippel durch die Lasche gezogen, ruft der Franke: „Edzerdla!" Im Sinne von „geschafft". Alles passt, wir können uns edzerdla freuen. Es kann aber auch als Aufforderung verwendet werden. Entweder zur Selbst- oder zur Fremdmotivation. Statt „Und, bitte!" oder „Action!" würde ein fränkischer Filmregisseur zu seinen Schauspielern „Edzerdla!" sagen. Ihr könnt jetzt loslegen, bitte.

In einem ähnlichen Zusammenhang ist mir das schöne Wörtchen vor einiger Zeit aufgefallen. Ein Beispiel, das eine weitere Qualität des Edzerdla zeigt: Es kann unangenehmen Sachverhalten und Situationen einen kuschelig-gemütlichen Überzug geben. Es begab sich vor einiger Zeit, dass sich am Nürnberger Hauptbahnhof ein klein wenig Beton, genauer gesagt fünf Kubikmeter, in die Königstorpassage ergoss. Was a wengerle blöd war. Denn Beton muss man sehr schnell aufwischen, sonst wird es problematisch. Einer meiner Kollegen, den ich herzlich grüße, drehte dazu ein kleines Video für die sozialen Medien. Ein Experte vor Ort sollte erklären, wie es zu dem Desaster kam und was nun passiert. Mein Kollege wählte unbewusst die denkbar beste Art, um den Mann aus seiner Starre zu lockern, indem er ihn sanft aufforderte, zu sprechen. Und zwar „Edzerdla!" Da verwandeln sich selbst Betonberge in plüschüberzogene Hüpfburgen. Und eventuelle Sprechhemmungen lösen sich auf wie Butter in der Pfanne.

Gerade in der heutigen Zeit sollte man dieses Wörtchen viel öfter verwenden. Wenn immer alles jetzt, sofort, zackig und „asap" (as soon as possible, so schnell wie möglich) passieren soll und es allen ständig pressiert, brauchen wir dringend ein Edzerdla. Das sagt: Alles klar, wir gehen die Sache jetzt an, aber mit Bedacht. Nur net hudeln! Ganz nach der alten Weisheit: „Wenn du es eilig hast, gehe langsam." Weil sonst bloß Gschmarri rauskommt. Wenn es darauf ankommt, nehmen wir Franken uns Zeit. Und verlängern ausnahmsweise mal ein Wort. „Jetzt" wäre ja viel kürzer. Aber wir schnaufen durch und gönnen uns ein schönes, langes Edzerdla. Das nur durch ein anderes Wort seine Vollendung findet: Sodala!

JETZT GILT: FAULHEIT FIRST!

Nach Geschenkebesorgungsmarathon, Weihnachtsbrimborium und vor dem Silvestergedöns herrscht bei mir gerade ein herrlicher Zustand. Den Wikipedia so beschreibt: „Mangelnder Wille eines Menschen, sich anzustrengen." Besser bekannt unter: Faulheit.

Ich hätte die Definition natürlich auch in einem echten Lexikon im Regal nachschlagen können. Aus mangelndem Willen, vom Sofa aufzustehen, habe ich es aber lieber im Handy-Internet nachgelesen. Diese Kolumne tippe ich auch nicht sitzend am Schreibtisch, sondern halbliegend wie die alten Römer auf der Couch.

Was gar nicht so unanstrengend ist, wie ich gerade feststelle. Hoffentlich bilden sich da keine ungewollten Muskeln aus. Das wäre mir sehr unangenehm. Denn ich habe mir für die nächsten Tage vorgenommen, etwas Extremes zu machen: nichts.

Oder jedenfalls nur so wenig, wie gerade nötig ist, um mein Überleben zu sichern. Atmen, essen und schlafen sind also drin. Schauen auch. In einen Fernseher hinein zum Beispiel. Darin habe ich es in den letzten Tagen bereits zur Meisterschaft gebracht. Nach „Sissi" Teil eins, zwei und drei, einer Prise „Herr der Ringe" und diversen Weihnachtskomödien hat man zumindest passiv einiges geleistet. Es ist auch eine Unverschämtheit der Sender, die Highlights der Filmgeschichte an drei Tagen dauerzusenden. Irgendwer muss das ganze Zeug ja wegschauen. Damit die Fernsehmacher nicht traurig sind, habe ich große Teile davon übernommen. Eines hat mir aber fast ein passives Stress-Burnout verpasst: Helene Fischer mit ihrer Show. Nach drei Stunden mit dem singtanzenden Kraftweib war ich fertig mit der Welt. Obwohl ich mich nicht bewegt habe, habe ich seitdem Muskelkater. Vielleicht gibt es irgendwann Forschungen auf dem Gebiet. Und man stellt fest: Es ist ein, haha, Phänomen! Burnout durch Zuschauen.

Apropos Forschung. Laut Newtons Trägheitsgesetz widersetzen sich Körper aufgrund ihrer Masse der Beschleunigung. Kurz: Nichts bewegt sich freiwillig. Dass Körper sich nicht bewegen, ist der Normalzustand. Zu fragen wäre eher, warum sich Körper überhaupt bewegen. Der Grund ist ein Antrieb, eine Motivation. Ein Tritt in den Hintern, zum Beispiel. Oder auch ein bisschen Feinstofflicheres.

Auf menschliches Handeln übertragen, ist es so: Man macht etwas, weil man sich etwas davon verspricht. Das Verhältnis von Aufwand und Ertrag muss dabei stimmen. Der Homo oeconomicus macht nichts, wenn es ihm nichts oder nur sehr wenig bringt. Nahrung, Geld, Prestige, Spaß.

Laut Studien sind faule Menschen auch oft intelligenter. Oder besser: Intelligente Menschen sitzen öfter scheinbar „faul" herum und denken. Rechenmaschinen sind entstanden, weil Menschen dachten: Das Ausrechnen müsste doch unanstrengender gehen.

Um es kurz zu machen: Auf dem Sofa liegend habe ich ergoogelt, dass Faulheit besser ist als ihr Ruf. Und eigentlich ein natürlicher Zustand. Ich persönlich werde versuchen, in den nächsten

Tagen jede Form von Motivation abzuwehren. Damit meine Masse nicht in Bewegung kommt. Ich tue nichts, niente, zero, null. Ich lümmle nur herum. Wenn jemand fragt, sage ich: „Ruhe, ich bin gerade intelligent." Soll mir einer mal das Gegenteil beweisen.

Anette Röckl wurde 1976 in Nürnberg geboren und hat in Erlangen und Florenz Theater- und Medienwissenschaften, Germanistik und Romanistik studiert. Seit 2006 arbeitet sie als Redakteurin bei den Nürnberger Nachrichten und schreibt dort seit 2011 die Kolumne „Hallo Nürnberg!" Nebenberuflich ist sie Chaos-Verwalterin und stolze Besitzerin mindestens zweier fränkischer Kleidermotten, mit denen sie die Liebe zu selbstgestrickten Wollsocken teilt.